St. Petersburg

von Edda und Michael Neumann-Adrian
unter Mitarbeit von Irina Sotina

☐ Intro

☐ Unterwegs

☐ Service

Leserforum

Die Meinung unserer Leserinnen und Leser ist wichtig, daher freuen wir uns von Ihnen zu hören. Wenn Ihnen dieser Reiseführer gefällt, wenn Sie Hinweise zu den Inhalten haben – Ergänzungs- und Verbesserungsvorschläge, Tipps und Korrekturen – dann schreiben Sie uns bitte:

Redaktion ADAC Reiseführer
ADAC Verlag GmbH
81365 München
verlag@adac.de
www.adac.de/reisefuehrer

St. Petersburg Impressionen
Kulturelle Hauptstadt Russlands

St. Petersburg hat sich herausgeputzt. Viele seiner historischen Schlösser und Paläste wurden in den letzten Jahren aufwendig restauriert und erstrahlen nun in neuem Glanz. Nach wie vor fasziniert die Verschwisterung von Architektur und Wasser, deren Zauber man vielleicht an der Newa noch stärker verfällt als etwa in Amsterdam oder in St. Petersburgs deutscher Partnerstadt Hamburg. Zu erleben sind Strom und Inseln, Meeresbucht, Kanäle und Seen: ein einzigartiges, im wechselnden Licht sich immer neu darbietendes Bild von glänzenden Wasserflächen und Stadtarchitektur.

Russlands Fenster nach Westen

St. Petersburg, das nach dem Willen Zar Peters des Großen die Herrschaft Russlands über die Newa-Mündung und weiter hinaus in die Ostsee begründen sollte, steigt meergeboren über den Uferkais auf. Mit seinen triumphalen Palastfassaden ist die Stadt eine Wirklichkeit gewordene Vision von Licht und Weite, das erste große **Fenster Russlands nach Westen**.

Nur für einen Augenblick schließe man die Augen vor so viel historischem Glanz und vergewissere sich: Unter Europas Metropolen ist dies die jüngste, binnen weniger Architektengenerationen und unter härtesten Arbeitsbedingungen, mit Tausenden von Menschenopfern auf dem sumpfigen Gelände des Newa-Deltas nach den Vorstellungen eines Mannes emporgezwungen.

1703 wurde in drei Tagen das ›Domik‹ gezimmert, das **Häuschen für Peter den Großen**, 1848 mit der gigantomanischen **Isaakkathedrale** der letzte sakrale Großbau geweiht. Was seither an Gebäuden entstand, veränderte im Kerngebiet die Stadtstruktur kaum noch. Gemäß Dekret der Zaren sollte jeder weltliche Neubau zwei Meter unter der Firsthöhe des Winterpalastes bleiben. Auch unter dem Sowjetregime wurde dieser Erlass im Stadtkern nirgends gebrochen.

Denn Lenin beendete nach dem Kapitulationsfrieden von Brest-Litowsk noch im März 1918 die 200-jährige Hauptstadtrolle St. Petersburgs. Aus Petrograd, wie die Stadt seit 1914 hieß, zog die russische Regierung nach Moskau um. Petrograd wurde nach dem Tod des Revolutionsführers in Leningrad umbenannt – und

Stalins Gigantismus lebte sich an der Moskwa aus. So konnte die klassizistisch-edle Stadtkontur mit dem Schmuck ihrer zahllosen Säulen bis heute überdauern: aufgebaut aus dem rötlichen Granit Kareliens, prächtig kaisergelb, lichtblau und ochsenblutrot ins Licht gestellt.

»Die schönste Stadt auf dem Antlitz der Erde«

Golden funkelnd erheben sich die Turm-nadeln der **Peter-und-Paul-Kathedrale** und der **Admiralität** steil in den Himmel. Die »schönste Stadt auf dem Antlitz der Erde« hat Joseph Brodsky sie genannt

Oben: *Die 300 m lange barocke Fassade des Großen Katharinenpalast von Zarskoe Selo gestaltete Bartolomeo Rastrelli 1752–56*
Mitte links: *Schulbeginn am ehemaligen Mädchenpensionat für adlige Töchter, heute Gymnasium Nr. 209*
Links: *Abendstimmung bei der illuminierten Christi-Auferstehungskirche ›Auf dem Blute‹*

und in seinen ›Leningrader Erinnerungen‹ hinzugesetzt »im ungerechtesten Land der Welt«.

Brodsky, Leningrader vom Jahrgang 1940, im Jahr 1972 aus der Sowjetunion ausgebürgert, 1987 mit dem Literatur-Nobelpreis ausgezeichnet, brachte auf den Punkt, was so viele St.-Petersburg-Besucher anrührt: wie sich mit dieser wunderbaren Stadt bis heute die Erinnerung an unbeschreibliches Leid unlöslich verbindet. Erinnerung an die Hungerjahre im Bürgerkrieg nach der Revolution, an die GPU-, KGB- und Gulag-Schrecken der stalinistischen ›Säuberungen‹, an die 900 Tage lange Belagerung der Stadt durch die deutsche Wehrmacht.

Oben: Smolnyj-Klosterkomplex und Newa
Unten links: Kasimir Malewitschs ›Kopf eines Bauern‹ (1828–32) ist im Russischen Museum zu sehen
Unten Mitte: Probe bei der Petersburger Ballett-Akademie ›Arippina Waganowa‹
Unten rechts: Hochkarätige Kunstwerke in prunkvollen Sälen des Eremitage-Museums

Leningrad erstand nach dem 27. Januar 1944 – dem Tag, an dem der Blockadering der Deutschen durchbrochen wurde – zu neuem Leben, eine Auferstehung unter langjähriger Bürgerbeteiligung in zahllosen Arbeitseinsätzen. Die Zarenschlösser im Umkreis waren am schwersten getroffen worden. Ein halbes Jahrhundert nach der Blockade arbeiten Kunsthandwerker aller Sparten noch immer in **Zarskoje Selo**, **Gatschina** und **Peterhof**. Der Wiederaufbau dieser Schlösser gehört zu den großartigsten Restauratorenleistungen nach dem Zweiten Weltkrieg.

fen zu, vor silbernen Ikonenwänden von weißbärtigen oder ganz jungen Priestern zelebriert, mit den uralten Hymnen der orthodoxen Kirche.

Auch künstlerisch hat St. Petersburg viel zu bieten. So sind im **Russischen Museum** die großartigen Bilder zu sehen, die jahrzehntelang in die Magazine verbannt waren, Werke von Meistern wie Kasimir Malewitsch und Marc Chagall.

Das zweite Museumshighlight ist die **Eremitage**. Von den rund 250 Museen der Stadt ist sie mit 3 bis 4 Millionen Besuchern im Jahr das bestbesuchte. Ihre hochkarätige Gemäldesammlung wartet mit Meisterwerken von Rubens und Tizian, Da Vinci und Rembrandt, El Greco und Goya sowie Picasso und Van Gogh auf. Außerdem verfügt sie über reiche Sammlungen zur Kunst und Kultur der Antike und der Völker des Ostens. Auch die weltweit größte Juwelensammlung wird hier ausgestellt. Zu ihr zählen natürlich auch die Schätze der Zarenzeit.

Die zweite Auferstehung der Stadt

Seit der Ära des damaligen Staatsoberhauptes Michail Gorbatschow (1985–91) erlebt St. Petersburg gewissermaßen seine zweite Auferstehung. Wer heute nach St. Petersburg reist, kommt in eine Stadt, die nach Jahrzehnten bitteren Verfalls wieder mit den pastellenen Farbe ihrer Fassaden prunkt, weltstädtisch mit zahllosen Cafés, Boutiquen, Galerien. Mit Jazz-Fans genießt man am Newskij Prospekt, wenn sich die Bands am Gostinnij Dwor produzieren. In den Kirchen schaut man Hochzeiten und Erwachsenen-Tau-

Noch immer die Stadt Peters des Großen

Die Fortschritte im Aufbau sind spektakulär. Dank gilt nicht zuletzt den Denkmalschützern, die das schwer geschädigte Architekturerbe wieder hergestellt und gegen unverantwortliche Eingriffe verteidigt haben.

Architekten aus ganz Europa haben St. Petersburg geschaffen: Trezzini, Rastrelli, Rinaldi, Brenna und Rossi, Leblond, Veldten und Cameron, Schlüter und Klenze, Woronichin und Stasow. Ein Venedig des Nordens nennt man die Stadt Peters des Großen manchmal und wie die Serenissima ist ›Piter‹ – so heißt die Stadt bei St. Petersburgern – auf Millionen von Pfählen gegründet. Mit der **Peter-und-Paul-Festung** auf der ›Petrograder Seite‹ (auch ›Kleine Seite‹ genannt) wurde der Anfang gemacht, dann ein zweites Zentrum südlich gegenüber auf der ›Großen Seite‹ mit der Admiralitätswerft und mit dem ersten **Winterpalast**

geschaffen. Noch 1717 soll der Zar erwogen haben, das Stadtzentrum auf die Wassiljewskij-Insel zu verlegen. Die stattliche Reihe der repräsentativen Bauten dort spricht für die Ernsthaftigkeit der Erwägung. Zugleich entstand aber die **Newskij Prospekt**, schon damals die Hauptader im Stadtorganismus.

Bis heute ist St. Petersburg eine Stadt mit mehreren Zentren geblieben. Ihr Herz könnte man in der **Peter-und-Paul-Kathedrale** bei den Grabmälern der Romanow-Zaren suchen, auf dem **Schlossplatz** an der **Alexander-Säule**, oder an der Admiralität, wo die drei Magistralen der ›Großen Seite‹ zusammenlaufen.

Oder liegt das Herz der Stadt inmitten der Newa, dort, wo sich der Fluss zwischen Winterpalast, Strelka-Säulen und Peter-und-Paul-Festung wie zu einem innerstädtischen See verbreitert? Immer wieder schweift der Blick in St. Petersburg übers mal glitzernde, mal graue Wasser, trifft auf Kaimauern, die mit

Oben: *Diese güldenen Jünglinge stehen vor dem Großen Palast von Peterhof und schmücken die Große Kaskade*
Links: *Borschtschsuppe in einem Teller aus Petersburger Lomonossow-Porzellan*
Rechts: *Der Blick in die Kuppel der Christi-Auferstehungskirche ›Auf dem Blute‹ wird erwidert*

nungen blieben erhalten – kann man suchen, vor allem aber die der Musiker, Sänger und Tänzer. **Nikolaj Rimsky-Korsakows** Konzertflügel steht wieder in seiner großbürgerlichen Wohnung und auch der fürstliche Mantel ist zu sehen, in dem der große Bassist **Fjodor Schaljapin** die Glanzrolle des Boris Godunow sang.

In St. Petersburg schlugen die großen Stunden der russischen Musik. Wo hört man die Opern Tschaikowskijs, Glinkas und Mussorgskijs besser als im **Mariinskij-Theater**, in dem so viele von ihnen uraufgeführt wurden? Musik, Tanz und Theaterspiel sind vielleicht die stärksten Begabungen in dieser Stadt. Eine Frage, die man mit Petersburgern diskutieren könnte.

Der Reiseführer

Dieser Band schildert die Sehenswürdigkeiten von St. Petersburg und Umgebung in neun Kapiteln. **Stadt-** und **Lagepläne** erleichtern die Orientierung. Besondere Empfehlungen zu Hotels, Restaurants, Museen etc. bieten die **Top Tipps**.

Abschließend enthält **St. Petersburg aktuell A bis Z** alphabetisch geordnet Nützliches von Anreise über Einkaufs- und veranstaltungstipps bis hin zu Infos für Stadtbesichtigungen, Restaurants, zum Nachtleben und zu den Verkehrsmitteln. Hinzu kommt ein praktischer **Sprachführer**. An Kurzbesucher wendet sich die Rubrik **1 Tag/1 Wochenende** auf der letzten Seite. Im Rahmen des **Kaleidoskops** runden interessante Kurzessays den Reiseführer ab.

Löwen und Sphinxen geschmückt sind, fängt sich an Brückenbogen, freut sich am silbrigen Spiegelbild der Paläste.

Schaljapins Mantel und die Musikwelt von St. Petersburg

Aber man will St. Petersburg ja nicht nur als schönen Augenschein kennenlernen. Die Spuren der großen Dichter und Romanciers – Puschkins, Dostojewskijs, Alexander Bloks, Anna Achmatowas Woh-

Geschichte, Kunst, Kultur im Überblick

Von Zarenmacht und Zarenpracht, Kriegsnot, Perestroika und Jubiläumsglanz

17. Jh. Schweden erringt Vormachtstellung im Baltikum und in Karelien.

1682 Der neunjährige Peter I. der Große (*1672) wird zusammen mit seinem Halbbruder Iwan V. zum Zaren von Russland ausgerufen. Zunächst regiert seine Halbschwester Sofja mit der Unterstützung der Strelitzen (Schützentruppe).

1697–98 Peter I. reist nach Westeuropa, um sich militärisches, kulturelles und technisches Wissen anzueignen und Verbündete gegen Schweden zu gewinnen. Er schaltet bis 1700 die während seiner Abwesenheit aufständischen Strelitzen gewaltsam aus (Massenhinrichtungen).

1700–21 Großer Nordischer Krieg. Schweden (Karl XII.) gegen Dänemark, Sachsen/Polen und Russland. Nach wechselndem Verlauf gewinnt Russland 1721 das östliche Baltikum und Karelien. Schwedens Vormacht ist gebrochen.

1703 Auf Geheiß Peters I. wird mit dem Bau der Peter- und-Paul-Festung auf der Haseninsel in der Newa begonnen. Gründung von St. Petersburg als ›Fenster nach Europa‹.

1704 Baubeginn der Admiralitätswerft, die mit einem Wall umgeben wird.

1707 Schlossbau in Peterhof beginnt.

1710 Baubeginn des Sommer- und des Menschikow-Palais, Anlage der Festung Kronstadt.

1711/12 Verlegung der Residenz von Moskau nach St. Petersburg, die Stadt erhält 1712 Hauptstadtstatus.

1712–33 Die Peter-und-Paul-Kathedrale wird errichtet.

1718 Peter I. gründet die Kunstkammer als erstes Museum Russlands. Tod des Thronfolgers Alexej nach Folterung in der Peter-und-Paul-Festung.

1720–22 Bau der Verkündigungs-Kirche des Alexander-Newskij-Klosters.

1721 Peter I. nimmt den Titel ›Imperator‹ (Kaiser) an.

1722–42 Bau der ›Zwölf Kollegien‹ (heute Universität).

1725 Tod Peters I., seine Witwe Katharina I. wird Alleinherrscherin. St. Petersburg hat 70 000 Einwohner.

1727–30 Zar Peter II. (Enkel Peters I.). Fürst Menschikow leitet die Regierung.

1736/37 Brände in der Stadt, danach Neubau-Konzeption: Schwerpunkt aus verkehrstechnischen Gründen auf dem Festland (›Große Seite‹).

1741–61 Zarin Elisabeth (Tochter Peters I.) kommt 1741 durch Staatsstreich auf den Thron. – Der Architekt Bartolomeo Francesco Rastrelli (um 1700–1771; Winterpalast, Großer Palast in Zarskoje Selo, Smolnyj-Kloster, Stroganow-Palast) sowie Universalwissenschaftler und Schriftsteller Michail Lomonossow (1711–1765) wirken in St. Petersburg.

1761/62 Zar Peter III. (Enkel Peters I.) wird nach sechsmonatiger Regierung entthront und kurz darauf umgebracht.

1762–96 Regierung von Katharina II., der Großen (Witwe Peters III.). Sie lässt in St. Petersburg u. a. errichten: Kleine Eremitage, Neu-Holland, Akademie der Künste, Akademie der Wissenschaften, Großer Kaufhof, Alte Eremitage, Granit-Kais am Newa-Ufer, Eremitage-Theater, Alexander-Palast in Zarskoje Selo, Taurischer Palast, Marmorpalast sowie die Paläste von Gatschina, Orani-

◁ *Der Stadtgründer: Zar Peter I., genannt der Große*

(von links) Alexander Menschikow, Katharina die Große, Bartolomeo Rastrelli: Hauptpersonen des 18. Jh. in St. Petersburg

enbaum und Pawlowsk. Dazu kommen Gestaltung der Strelka und des Sommergarten-Gitters, Ausbau des Newskij-Klosters, Umbau ihrer Räume in Zarskoje Selo sowie Ausbau des Flüsschens Kriwuscha zum Katharinen-(Gribojedow-)Kanal.

1764 Katharina II. stiftet das Smolnyj-Institut als Schule für Mädchen aus adligen Familien.

1770 Erste öffentliche Kunstausstellung in der Akademie der Künste. – Sieg der russischen Flotte über die Türken bei Tschesme (Bau der Tschesme-Kirche).

1782 Aufstellung des ›Ehernen Reiters‹ von Etienne-Maurice Falconet.

1797–1801 Bau des Ingenieurspalastes. Der in engen militärischen Kategorien denkende, misstrauische Zar Paul I. wird 1801 von Verschwörern ermordet.

1800–11 Bau der Kathedrale der Muttergottes von Kasan.

1804–10 Bau der neuen Börse (heute Marinemuseum) an der Strelka.

1806–23 Neubau der Admiralität.

1809 Russland annektiert Finnland.

1812 Napoleon verliert seinen Krieg gegen Russland; St. Petersburg bleibt von Zerstörungen verschont.

1814 Russische, österreichische und preußische Truppen als Sieger in Paris.

1814/15 Wiener Kongress: ›Heilige Allianz‹ unter Alexander I. mit fortschrittsfeindlicher Neuordnung Europas.

1816–32 Carlo Rossi (1775–1849) baut in St. Petersburg Jelagin- und Michael-Palast (heute Russisches Museum), Generalstabsgebäude am Schlossplatz, Alexandrinskij-Theater, Rossi-Straße sowie Senats- und Synod-Gebäude.

1818–58 Bau der St.-Isaaks-Kathedrale.

1820 Der Dichter Alexander Puschkin (1799–1837) wird wegen kritischer Äußerungen aus St. Petersburg verbannt.

1825 14. Dez.: ›Dekabristenaufstand‹ (Gehorsamsverweigerung und Demonstration adliger Offiziere), von Zar Nikolaus I. unter Einsatz der Artillerie niedergeschlagen. Todesurteile und Verbannungen der Rädelsführer nach Sibirien.

1837 Die erste russische Eisenbahnlinie zwischen St. Petersburg und Zarskoje Selo entsteht.

1838 Moskauer Triumphtor, erstes ganz aus Gusseisen bestehendes Bauwerk.

1839–52 Bau der Neuen Eremitage.

1843 Baubeginn einer Eisenbahnstrecke zwischen St. Petersburg und Moskau.

1849 Der Dichter Fjodor Dostojewskij (1821–1881) wird nach einer Scheinhinrichtung nach Sibirien deportiert.

1850 Alexander Herzen (1812–1870), Schriftsteller, seit 1847 emigriert, kritisiert das zaristische Regime in seiner Schrift ›Vom anderen Ufer‹.

1852 Eröffnung der Neuen Eremitage als ›Museum der Schönen Künste‹.

1859–62 Otto von Bismarck ist preußischer Gesandter in St. Petersburg.

1860 Das Mariinskij-Theater wird eröffnet.

1861 Im Zuge liberaler Reformen hebt Alexander II. die Leibeigenschaft auf.

1863 Polnischer Aufstand gegen die russische Herrschaft in den östlichen Gebietsteilen. Auch in Russland Unruhen, 1866 Attentat auf Alexander II.

1868/69 Lew Tolstoj (1828–1910) beschreibt in seinem Roman ›Krieg und Frieden‹ die Aufbruchstimmung der russischen, auch der St. Petersburger Gesellschaft im Krieg gegen Napoleon I.

1869 Studentenunruhen. Verbreitung anarchistischer und marxistischer Ideen sowie terroristische Tätigkeit revolutionärer Gruppen.

1870–80 Die terroristische nihilistische Bewegung und die sozial engagierten ›Narodnitschestwoi‹ breiten sich aus.

1874 Uraufführung der Oper ›Boris Godunow‹ von Modest Mussorgskij.

1878 Nach Ausbau der Fahrtrinne zwischen Kronstadt und St. Petersburg ist die Stadt für Hochseeschiffe erreichbar.

1879 Uraufführung von der berühmten Oper ›Eu-

›Nieder mit der Bourgeoisie‹! Demonstration der Bolschewiki im Mai 1917

gen Onegin‹. von Pjotr Tschaikowskij.

1881 Zar Alexander II. stirbt durch ein Bombenattentat. Am Tatort wird 1892–1907

die Kirche ›Auf dem Blute‹ im altruss. Stil errichtet.

1890 Lenin (Wladimir Iljitsch Uljanow, 1870–1924) kommt nach St. Petersburg.

1900–04 In ganz Russland Attentate, denen 1902 und 1904 auch amtierende Minister zum Opfer fallen.

1903 Zur 200-Jahr-Feier der Stadt wird die Troitskij-(Dreifaltigkeits-)Brücke als dritte ständige Newabrücke eingeweiht.

1905 9. Jan.: ›Blutiger Sonntag‹: eine friedliche Arbeiterdemonstration wird gewaltsam niedergeschlagen. Revolutionäre Aufstände im ganzen Land. Der Zar verspricht bürgerliche Freiheiten und ein Parlament (Duma), dessen Rechte aber eng begrenzt werden.

1907 Mönch und Wunderheiler Rasputin kommt an den Hof in St. Petersburg.

1909–14 Das Russische Ballett aus St. Petersburg unter Sergej Diaghilew gewinnt auf Tourneen Weltgeltung.

1910 Igor Strawinskij (1882–1971) vollendet den ›Feuervogel‹.

1911/12 Bau der Deutschen Botschaft am Isaaksplatz (Architekt: Peter Behrens, Mitglied der Münchner Sezession).

1914 Erster Weltkrieg. St. Petersburg wird in Petrograd umbenannt.

1916 17. Dez.: Rasputin wird im Jussupow-Palast ermordet.

1917 Zar Nikolaus II. dankt ab, provisorische Regierung Alexander Kerenskijs, Bildung von ›Sowjets‹. Lenin trifft am Finnländischen Bahnhof ein. Oktoberrevolution, Bolschewiki an der Macht.

1918 Nach deutscher Offensive gegen Petrograd Frieden von Brest-Litowsk zwischen Russland und Deutschland/Österreich-Ungarn. Verzicht Russlands auf das Baltikum. – Einführung des Gregorianischen Kalenders (dem 31. Jan. folgt der 14. Febr.). – 16./17. Juli: Ermordung der Zarenfamilie. – Petrograd verliert den Hauptstadtrang an Moskau. – August: Beginn des ›Roten Terrors‹ der Bolschewiki, der sich gegen Bürgertum, zaristische Offiziere, nichtbolschewistische Sozialisten (v. a. Menschewiki) und Geistliche richtet – ›Weißer Terror‹: Kampf der bürgerlichen und monarchistischen ›Weißen‹ gegen die Rote Armee, vergeblicher Vorstoß der Weißen auf Petrograd.

1920 Nach schweren Hungersnöten hat Petrograd ca. 722 000 Einwohner (etwa ein Drittel der Einwohnerzahl von 1916).

1921 Die Sowjetmacht schlägt den Aufstand der Kronstädter Matrosen blutig nieder. Tod des Dichters Alexander Blok (*1880, Hauptvertreter des russischen Symbolismus).

1924 Tod Lenins (21. Januar). Petrograd wird in Leningrad umbenannt.

1927–29 Rücksichtsloser, erfolgreicher Machtkampf Jossif Stalins (1879–1953).

1934 Die Ermordung Sergej Kirows (*1886), des Parteisekretärs in Leningrad, wird – obwohl möglicherweise von Stalin angeordnet – zum Anlass der stalinistischen Schauprozesse 1934–38.

1936–38 ›Großer Terror‹: Massenverhaftungen und -erschießungen von regimekritischen Menschen durch den Geheimdienst NKDW.

1939 Nichtangriffspakt Deutschland–Sowjetunion. – Beginn des Zweiten Weltkriegs.

1940 Die Sowjetunion annektiert die baltischen Staaten.

1941 Überfall der deutschen Wehrmacht auf die Sowjetunion. 8. Sept.: Beginn der Blockade von Leningrad.

1941/42 Hungerwinter in der belagerten Stadt, etwa 3500 Tote täglich.

1942 In der Stadt leben am Jahresende nur noch 637 000 Menschen.

1944 Sowjetische Gegenoffensive beendet die Blockade (27. Januar).

1948 Andrej Schdanow, Sekretär des ZK, stirbt, wahrscheinlich vergiftet.

1949 In der ›Leningrader Affäre‹ werden Tausende, die im Krieg mit Schdanow zusammengearbeitet haben, wegen Verschwörung verurteilt.

1953 Der Tod Stalins (5. März) beendet diese ›Säuberungen‹, aber die Opfer bleiben in den Straflagern (Gulag).

1956 Nikita Chruschtschow leitet die Periode des politischen ›Tauwetters‹ ein.

1985 Michail Gorbatschow wird neuer Generalsekretär des Zentralkomitees der KPdSU. Er will nach den Prinzipien des ›Glasnost‹ (Offenheit) und der ›Perestroika‹ (Umgestaltung) regieren. Die Privatisierung der Wirtschaft beginnt.

1991 August-Putsch zum Sturz Gorbatschows scheitert. In Leningrad beendet Bürgermeister Anatolij Sobtschak den Putsch unblutig. Ende Dezember tritt Gorbatschow zurück. Boris Jelzin wird erster Präsident Russlands

1992 Die Sowjetunion löst sich auf, Russland ist ein Land in der ›Gemein-

Wladimir Iljitsch Uljanow, besser bekannt unter seinem Decknamen Lenin

schaft unabhängiger Staaten‹ (GUS). Leningrad heißt wieder St. Petersburg.

2000 26. März, Wladimir Putin wird zweiter Präsident Russlands. – Der im Juli 1918 zusammen mit seiner Familie ermordete Zar Nikolaus II. wird heilig gesprochen.

2003 Zum 300-Jahr-Jubiläum der Stadt wird das rekonstruierte Bernsteinzimmer in Zarskoje Selo wieder eröffnet.

2006 Im Konstantinpalast bei St. Petersburg findet der G 8-Gipfel statt.

2007 Streit um ›Gazprom-City‹: Der Energiekonzern plant, einen 300 m hohen Glasturm im historischen Zentrum von St. Petersburg zu errichten.

Die Teilnehmer des G 8-Gipfels 2006 posieren vor dem Konstantinpalast

Die Christi-Auferstehungskirche ›Auf dem Blute‹ präsentiert sich als märchenhafte altrussische Architekturkomposition

Unterwegs

Petrograder und Wyborger Seite – zurück zu den Anfängen

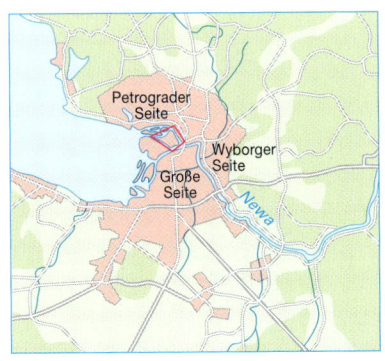

Der Weg zu den Anfängen der Stadt führt in St. Petersburg nicht ins pulsierende Herz der Metropole, sondern in eine eher idyllisch anmutende Insellage. Denn längst hat die **Peter-und-Paul-Festung**, die nach der Kathedrale in ihrer Mitte benannt wurde, den martialischen Eindruck von einst eingebüßt – zumindest von außen. Die steinernen Mauern sind zwar hoch, davor aber stehen heute noch höhere Bäume und laden Bänke zu Ruhepausen ein. Der Sandstreifen unter den Bastionen ist zum Flanieren und Sonnen aber sehr beliebt. Über den flachen Gebäuden auf der Festungsinsel ragt der Turm der **Kathedrale** mit seiner überhohen goldenen Spitze auf.

Der Rundgang steht trotz dieser heiteren Eindrücke im Zeichen ernster, auch grausamer Geschichte und Geschichten, er führt von den Kerkern der Festung auf die größere Insel der ›Petrograder Seite‹ und dort zum **Museum der politischen Geschichte** (des nachrevolutionären) **Russlands**.

1 Peter-und-Paul-Festung
Petropawlowskaja Krepost

Ältester Teil der Stadt: Festung, Gefängnis, Museum und Kathedrale.

Ostrow Sajatschij (Haseninsel)
Tel. 812/230 03 29
www.spbmuseum.ru/peterpaul
Do–Mo 11–18, Di 11–17 Uhr
Metro: Gorkowskaja

Der Entschluss Peters des Großen, seine neue Stadt in das sumpfige Mündungsdelta der Newa zu bauen, bedeutete eine große Herausforderung – an die Natur und an die ausführenden Menschen. Viel näher am Meer gelegen als die damals, zu Beginn des Großen Nordischen Krieges (1700–21) gerade frisch eroberten Newa-Befestigungen der Schweden, waren die Holzbauten der ersten Stunde nahezu schutzlos den Überschwemmungen und dem Eisgang ausgesetzt. Keine andere europäische Hauptstadt ist an einem Platz gegründet worden, der so viel Unwirtlichkeit vereinte, klimatisch ebenso wie topografisch.

Der 27. Mai 1703 (nach altem, bis 1918 gültigem Julianischem Kalender der 16. Mai) gilt als Gründungstag: Damals wurde auf Ostrow Sajatschij, der Haseninsel nördlich der Bolschaja Newa (= Große Newa), mit dem Bau der **Festung St. Pitersburch** begonnen.

Im Februar 1704 folgte Domenico Trezzini dem Ruf des Zaren – der erste der bedeutenden italienischen Architekten, die im folgenden Jahrhundert das Gesicht der Stadt prägten. Trezzini (russisch: Andrej Jakimowitsch Trezin, 1670–1734) hatte zuvor am Kopenhagener Königsschloss gearbeitet. Die Festung der Haseninsel hat die Form eines lang gestreckten Sechsecks (700 m x 400 m). Daraus erhebt sich Trezzinis bedeutendstes Werk, die **Peter-und-Paul-Kathedrale**, deren goldene schlanke Turmnadel zum Wahrzeichen der Stadt wurde.

Vom Troitskaja-Platz (früher Revolutionsplatz) gelangt man über eine teils steinerne, teils eiserne Fußgängerbrücke zum gelb-weißen **Johannestor** (Joannowskije Worota), das erst 1740 errichtet wurde. Nördlich vom Tor befindet ein **Museum für Raumfahrt** (Musej kosmonawtiki i raketnoj techniki). Von 1932–33 war hier eine der weltweit ersten Forschungsstätten für Raketentechnik.

Den Schritt ins frühe 18.Jh. macht man an Andenkenkiosken vorbei durch das **Peterstor** (Petrowskije Worota, 1707/08 von Trezzini erbaut), das seit 1708 als Haupttor der Festung diente. Anfangs bestand es lediglich aus Holz, das barocke Relief im Giebel stammt noch vom alten Holztor. Es zeigt in kräftigen Farben den mit Lorbeer bekränzten Zaren Peter, der Zeuge des Siegs des hl. Peter über Simon den Magier wird (Apostelgeschichte Kap. 8, 9–24, und Legende vom Aufstieg Simons in den Himmel). Damit wird der Sieg des wahren christlichen Glaubens und zugleich die militärische Macht des Zaren symbolisiert.

Über Kopfsteinpflaster geht es entlang der Hauptstraße ins Innere des weiten Festungsareals. Links liegt das **Ingenieurshaus**, wo die für Militärbauten zuständige zaristische Verwaltung ihren Sitz hatte, rechts befindet sich das **Zeughaus der Artillerie**.

Das moderne **Denkmal Peters I.** (von Michail Schemjakin, 1991) zeigt in Haltung und Gesichtsausdruck des Zaren sowohl dessen Überlegenheit als auch die für ihn typische starre Verbissenheit. Das Denkmal ist, trotz anfänglichem Befremden, von der Bevölkerung ›angenommen‹ worden.

Keinesfalls sollte man versäumen, nach links abzubiegen, um durch das **Newa-Tor** (Newskije Worota, 1784–87 von Nikolaj Lwow) ans Flussufer zu treten. Denn dort bietet sich der schönste Ausblick auf die Große Seite und zu den Strelka-Säulen hinüber: vollendete Harmonie der Paläste und Brücken, Weite und Großzügigkeit der Architektur am Fluss unter einem hohen hellen Himmel, der die Nähe des Meeres bestätigt. Manchmal vorbei fahrende Segelschiffe versetzen einen vollends in die Vergangenheit.

Hier hatte Peter der Große den strategisch günstigen Ort gefunden, der ihm vorgeschwebt war. Hier ließ er eine Festung als Beherrscherin der Flussmündung bauen – gegen die Schweden, denen er erfolgreich das Land streitig machte. Unbeirrt setzte der Zar seine Vorstellung von diesem neuen Ort durch, der sein politisches Programm verkörperte: die imperiale Wendung nach Westen.

Heute kann man am Newa-Tor die Hochwassermarken der Überschwemmungen sehen, die Petersburg immer wieder heimsuchten. Von hier aus werden gelegentlich Schiffsrundfahrten angeboten, auch unter Segeln.

Vom Kommandantenpier aus sieht man auf die gewaltigen, bis zu 6 m star-

Ein Stadt-Wahrzeichen: der überschlanke Turm der Peter-und-Paul-Kathedrale innerhalb der Festung. 122 m hoch ließ ihn Domenico Trezzini erbauen

Wodka mit Kanonenschuss

Von den Bastionen der Peter-und-Paul-Festung wird seit dem 18. Jh. täglich um zwölf Uhr mittags eine Kanone abgeschossen. Lange Zeit war der Kanonenschuss das sicherste Zeitzeichen der Petersburger – und hieß auch ›Die Stunde des Admirals‹, weil ein Flottenchef im Ruf stand, sich exakt zur Mittagsstunde ein Glas Wodka zu genehmigen. Seit über hundert Jahren braucht man für den Signalschuss keinen Kanonier mehr, dank einer elektrischen Verbindung mit dem Pulkowo-Observatorium.

ken **Festungsmauern** und **Bastionen**. Letztere sind einschließlich der eingebauten Kasematten bis zu 20 m stark. Sie tragen die Namen der Gefährten Peters des Großen: z. B. Menschikow, Trubezkoj, Naryschkin.

Wider Erwarten mussten die Befestigungen nie feindlichem Ansturm standhalten. Despotische Regierende kamen jedoch hier – wie auch anderswo in solchen Fällen – auf die Idee, die Bauwerke als sichere Kerker zu verwenden. So wurde die Trubezkoj-Bastion bis zu ihrer Umwandlung in ein **Museum** (1922) vor allem als politisches Gefängnis benutzt.

Einer der ersten, die in den düsteren Kasematten der **Katharinen-Kurtine** starben, war 1718 Alexej, der Sohn Peters des Großen. Der Zarewitsch war der Teilnahme an einer Bojaren-Verschwörung verdächtigt und mit Wissen seines Vaters gefoltert worden. Sein Freund Alexander Kikin wurde mit anderen hingerichtet, der ebenfalls in St. Petersburg befindliche Kikin-Palast [Nr. 108] konfisziert. 1825 warteten in der Festung über 300 Dekabristen [s. S. 30] auf ihre Deportation oder ihr Todesurteil.

In den düsteren Einzelzellen der **Trubezkoj-Bastion**, die 1872 zum politischen Gefängnis ausgebaut wurde, haben viele bedeutende Russen gelitten, wie an den postumen Namensschildern neben den Türen abzulesen ist. Fjodor Dostojewskij, Michail Bakunin und Maxim Gorkij waren in der Peter-und-Paul-Festung inhaftiert. Im Jahr 1887, nach einem versuchten Attentat auf Zar Alexander III., auch Alexander Uljanow, der später in Schlüsselburg hingerichtete Bruder Lenins. Die Sowjetregierung ließ die Mitglieder der Kerens-

kij-Regierung in der Trubezkoj-Bastion einsperren, unterhielt nach 1922 aber noch andere, weit gefürchtetere Gefängnisse und wandelte dieses schließlich zum Museum um. In der Mitte des polygonalen Baus wird im Hof heute das Badehaus gezeigt, in das die Häftlinge alle zwei Wochen einmal geführt wurden.

Andere Gebäude im Festungsareal sind nur von außen zu besichtigen, so der **Münzhof** (Monetnij Dwor) an der Westseite des weiten Platzes, der sich vor der Kathedrale öffnet. In der schon von Peter dem Großen gegründeten Münze (das heutige Gebäude stammt aus den Jahren 1798/1805) wurden und werden viele Orden und Medaillen geprägt, die russische, ukrainische, kasachische und andere Uniformbrüste in breiter Reihe zierten.

Der schmucke klassizistische Pavillon auf dem weiten Platz vor der Kathedrale erinnert an die Liebe Peters des Großen zur Seefahrt. Dieses **Bootshaus** (Botnij Domik) entstand 1765 anstelle des Holzschuppens, in dem der Zar seit 1723 das kleine Boot seiner ersten Segelstunden auf der Moskwa aufbewahrte (genannt »Der Großvater der russischen Flotte«; es befindet sich seit 1940 im Marinemuseum [Nr. 78]). Im zweigeschossigen **Haus des Festungskommandanten** (Komendant-

Peter der Große als modernes Kunstwerk (von Michail Schemjakin, 1991)

Vor der Kathedrale erinnert das ›Bootshaus‹ an die Segelleidenschaft Peters des Großen

skij Dom, um 1746) südlich der Kathedrale werden **Ausstellungen** des *Museums der Geschichte St. Petersburgs* gezeigt.

2 Peter-und-Paul-Kathedrale
Petropawlowskij Sobor

Die älteste Kirche der Stadt, Grablege der Romanow-Zaren.

Ostrow Sajatschij (Haseninsel)
Metro: Gorkowskaja

Nicht nur Herzstück der Festung, sondern unbestritten auch ein Symbol des Zaren-

tums: die Kathedrale wurde 1733 den Aposteln Peter und Paul geweiht. 1712–33 war sie nach den Plänen des Architekten Domenico Trezzini erbaut worden, im holländischen Frühbarockstil, der so gar nicht russisch anmutet. Zuvor hatte an der gleichen Stelle ein bescheidener Holzbau gestanden.

Der **Turm** (122 m) erhebt sich über der Westseite der Kathedrale, vom Fuß der Laterne an bis zu seiner goldenen Spitze ist er höher als vom Boden bis zum Turmdach. Diese Überlänge verleiht dem Wahrzeichen Petersburgs – lange war es das höchste Gebäude – etwas Triumphierendes und zugleich Feingliedriges, eine Wirkung, die sich noch steigert durch die

21

Weiträumigkeit des Platzes davor und die bescheidene Höhe aller übrigen Gebäude auf der Insel. Gekrönt wird die Turmspitze von einem Engel, über eine halbe Tonne schwer und mit 240 Gramm Blattgold überzogen.

Innen empfängt den Besucher ein großer, lichter Raum, grün und rötlich getönt, mit drei opulenten Kristallüstern und klassizistischen Deckengemälden, mit prunkenden Vergoldungen und Ölgemälden an der Kanzel. Die große *Ikonostase* aus vergoldetem Lindenholz entstand 1722–27 in Moskau (von Iwan Zarudnij und 40 Holzschnitzern), ihr plastischer Schmuck stellt einen Bruch mit der Tradition der russischen Ikonografie dar.

Die Kathedrale ist die **Grablege der Zarenfamilie Romanow**, nur Peter II., der Petersburg nicht schätzte, ist nicht hier beigesetzt. Aus weißem Marmor, schmucklos, nur mit Andreaskreuz und Doppeladler gezeichnet und kyrillisch beschriftet sind die Sarkophage, der Peters I. trägt einen Porträtkopf. Die Särge Alexanders II. (1818–1881) und seiner Gemahlin Maria Alexandrowna, Prinzessin von Hessen, wurden aus graugrünem Jaspis und dunkelrotem Quarz gearbeitet (im linken Seitenschiff, 5,5 und 6,5 t schwer).

In der **Katharinen-Kapelle** ganz in der Nähe des Haupteingangs wurde im Jahre 1998 die Familie des Zaren Nikolaus II. beigesetzt. Allerdings fehlt auf den Tafeln mit den Namen des Zarewitsch Alexej und Marias das Jahr der Beisetzung, weil ihre sterblichen Überreste nicht aufgefunden wurden.

Im Norden der Kathedrale schließt sich seit 1908 die **Alexander-Newskij-Kapelle** als Grabstätte russischer Großfürsten an.

3 Kronwerk: Militärgeschichtliches Museum und Zoo
Kronwerk Petropawlowskoj Kreposti

70 000 martialische Erinnerungen im ehemaligen Artillerie-Arsenal.

Ostrow Kronwerkskij
Metro: Gorkowskaja

Zur Sicherung der Inselfestung nach Norden hatte Peter der Große schon 1707/08 das ›Kronwerk‹ anlegen lassen. Das hufeisenförmige Gebäude, das dort 1850–60 als Artillerie-Arsenal entstand, ist bereits

seit 1872 **Militärgeschichtliches Museum** (Alexandrowsij Park 7, Tel. 812/232 02 96, www.artillery-museum.spb.ru, Mi–So 11–18 Uhr), Woenno-istoritscheskij Musej, und eines der größten Museen dieser Art weltweit. Man kann rund 500 000 Ausstellungsstücke besichtigen, darunter Kanonen und Gepanzertes aller Größen vom Mittelalter bis zur Gegenwart, einschließlich der sog. ›Stalinorgeln‹ aus dem Zweiten Weltkrieg (Raketengeschütze) und des gepanzerten Wagens, von dem aus Lenin 1917 vor dem Finnländischen Bahnhof Ansprachen hielt.

Innerhalb des Kronwerks liegt der **Zoopark** (Alexandrowsij Park 1, Tel. 812/232 82 60, www.spbzoo.ru, im Sommer tgl. 10–19 Uhr, im Winter Mi–So 10–17 Uhr), der zu den ältesten Zoos Russlands gehört. 250 Tierarten leben in dem 1865 gegründeten Park auf engem Raum, und nicht alle Tierfreunde finden ihn erfreulich. Aber das St. Petersburger Publikum liebt die dort lebenden Tiere und besucht sie zahlreich.

4 Museum der politischen Geschichte Russlands
Musej polititscheskoj istorii Rossii

Nachgebesserte Dokumentation der Revolutionsgeschichte in der ehemaligen Villa der Ballerina Matilda Kschessinskaja.

Uliza Kujbyschewa 2–4
Tel. 812/233 70 52
www.polithistory.ru
Fr–Mi 10–18 Uhr, Einlass bis 17 Uhr
Metro: Gorkowskaja

Weiträumig und baumumgrünt liegt der **ehem. Dreifaltigkeitsplatz**, der lebhafte Verkehr drängt am Lenin-Park zur Troitskij-Brücke, der Hauptverbindung zur ›Großen Seite‹. Ein Platz mit revolutionärer Tradition: In Sichtweite erinnert der Obelisk auf der Umwallung des Kronwerks an die Hinrichtung der fünf zum Tode verurteilten Dekabristen (1826, s. S. 30). 1905 mussten hier friedliche Demonstranten ihren Protest unter den Kugeln des Zarenregimes mit dem Leben bezahlen. Die Dreifaltigkeitskirche, die dem Platz den Namen gab, ließ die Sow-

Die Peter-und-Paul-Kathedrale ist die Grablege fast aller Romanow-Zaren ▷

jetregierung abreißen, der Platz nannte sich fortan ›Revolutionsplatz‹.

Vergeblich hatte im Frühjahr 1917 Matilda Kschessinskaja, die Eigentümerin der **Jugendstilvilla** (Architekt: A. J. Gogen, 1904–06) an der Nordseite des Platzes, protestiert, als das Petrograder Komitee der Bolschewiki hier sein Hauptquartier einrichtete. Unmittelbar nach seiner Rückkehr aus der Emigration hielt Lenin in der Nacht vom 3. auf den 4. April 1917 eine flammend revolutionäre Rede vom Balkon der Kschessinskaja-Villa.

Die Ballerina *Matilda Kschessinskaja* soll eine Liebesaffäre mit Nikolaus II. gehabt haben, als dieser noch Thronfolger war. Er habe ihr, so heißt es, die Villa erbauen lassen. 1917 nach Paris emigriert, leitete sie dort eine Ballettschule und starb 99-jährig im Jahr 1971.

1957 wurde das Haus **Revolutionsmuseum**, unvermeidbares Besichtigungsziel von Schulklassen und linientreuen Delegationen. Im Zeichen der Perestroika hat man das Museumsprogramm 1991 geändert. Heute wird ein düsteres, leider nur russisch kommentiertes **Wachsfigurenkabinett** gezeigt. Doch fällt es dem Geschichtsinteressierten nicht schwer, Karl Marx, den gefangenen Nikolaus II. mit dem kleinen Zarewitsch, Lenin und den später zur Unperson degradierten Trotzkij, ferner Stalin, Breschnjew, Andrej Sacharow, Gorbatschow, Jelzin und viele andere mehr zu erkennen. In anderen Sälen sind dicht an dicht Fotos und gedruckte Dokumente aus der russischen Revolutionsgeschichte seit dem 19. Jh. ausgestellt, eine wahre Fundgrube für Historiker.

5 Denkmal für die Matrosen des Zerstörers Steregutschij
Pamjatnik matrosam minonosza Steregutschij

Heroisierende Skulptur der Zarenzeit.

Kamennoostrowskij Prospekt/
Park Lenina
Metro: Gorkowskaja

Das 1911 enthüllte Denkmal, ein Werk des Bildhauers K. W. Isenberg, erinnert an den Untergang eines Schiffes der zaristischen Flotte in der Seeschlacht von Tsushima am 26. Februar 1904. Die Flutungsschieber wurden geöffnet und die Besatzung opferte unter dem Wasserschwall ihr Leben, um das Schiff nicht in die Hände der Japaner fallen zu lassen.

Isenbergs Jugendstil-Skulptur diente zweifellos dem Vorweltkriegs-Militarismus, wirbt aber auch um Mitgefühl. Anders als das berühmte Gemälde ›Der Matrose‹ (heute im Russischen Museum [Nr. 40]), mit dem Wladimir Tatlin, der Wegbereiter des Konstruktivismus, im selben Jahr auf einer Ausstellung hervortrat und – unter deutlichem Bezug auf Isenbergs Denkmal – an der militant nationalen Kunstproduktion teilhatte.

Ironische Fußnote der Geschichte: Die neuere Forschung hat belegt, dass in Wahrheit das Schiff bereits in der Hand der Japaner und ohne russische Besatzung war, als es sank.

6 Moschee
Metschet

Ein Gruß aus dem Orient, nach einem Vorbild in Samarkand.

Kronwerkskij Prospekt 7
Metro: Gorkowskaja

Unter zwei Minaretten eine hohe, frischrestaurierte Kuppel, granitgrau und mit türkisfarbenen Kacheln geschmückt, die einst den Großteil der Fassade überzogen: das ist St. Petersburgs Moschee. Unter den Zuwanderern, die freiwillig oder gezwungen in die neue Stadt Peters des Großen kamen, waren auch viele muslimische Tataren, die in der Nachbarschaft der Peter-und-Paul-Festung siedelten. Nach schlichteren Vorgängerbauten wurde auf Kosten der muslimischen Gemeinschaft 1910–14 die große Moschee errichtet, in Anlehnung an das Gur-Emir-Mausoleum in Samarkand (15. Jh.). Ihre Architekten waren N. W. Wasiljew, A. J. Gogen und S. S. Kiritschinskij. Wunderschön anzusehen sind heute noch die farbigen Kacheldekore mit arabischer Schrift um das Portal und das blaugoldene Kachelornament in der Gebetsnische.

7 Dreifaltigkeitsbrücke
Troitskij Most

Hauptverbindung zwischen Petrograder und Großer Seite.

Metro: Gorkowskaja

Erst 1903, zum 200. Geburtstag der Stadt, wurde die Petrograder Seite mit dem

Die prachtvolle St. Petersburger Moschee wurde 1910–14 errichtet und mit orientalischem Kacheldekor geschmückt

Festland der Großen Seite durch eine feste Brücke verbunden; zuvor hatte man Pontonbrücken verwendet. In einem internationalen Wettbewerb gewann die Firma Gustave Eiffels den ersten Preis. Statt des Eiffelturm-Erbauers bekam jedoch nach einem zweiten Wettbewerb einer seiner französischen Konkurrenten den Auftrag. Noch heute fällt der vom Jugendstil beeinflusste Dekor des mächtigen, 582 m langen Bauwerks ins Auge. 1934 wurde die Brücke nach Kirow, dem Parteisekretär des damaligen Leningrad, umbenannt. Heute heißt sie wieder Troitskij Most.

8 Haus Peters I.
Domik Petra I.

Das älteste Haus der Stadt.

Petrowskaja Nabereschnaja 6
Tel. 812/232 45 76
Mi–Mo 10–18 Uhr
Metro: Gorkowskaja

Dass es ein Blockhaus ist, sieht man von außen nicht, denn seit 1784 schützt eine steinerne Umbauung das vergänglichere Baumaterial (erneuert 1846). Der erste Wohnsitz Peters des Großen ist wirklich nur ein Häuschen: 11,95 x 5,35 m im Geviert und bis zum Dachfirst 5,78 m hoch. In drei Tagen, vom 24. bis 26. Mai 1703, hatten es die Zimmerleute erbaut.

Der hoch gewachsene Zar besaß nicht viel Bewegungsfreiheit in den beiden kleinen Zimmern (Eintritt in die Räume nicht gestattet). Peter kam ohne den Prunk aus, den ihm der zehn Jahre später erbaute erste Winterpalast und der erst zwei Jahre vor seinem Tod eingeweihte Sommerpalast Peterhof bieten sollten. Die Einrichtung des Blockhauses an der Newa ist schlicht, mit Waschgeschirr, geografischen Karten und bemalten Türrahmen. Die Außenwände ließ Peter der Große im Ziegelmuster bemalen, weil das Haus wie ein holländisches aussehen sollte – das gefiel ihm seit seiner niederländischen Reise. Die beiden Skulpturen mit den Löwenhäuptern vor dem Haus sind erst 1907 aus der Mandschurei dorthin gekommen.

Der Kreuzer Aurora – eine eindrucksvolle maritime Reliquie und Museum zugleich

9 Kreuzer Aurora
Krejsser Awrora

Gepanzertes historisches Souvenir.

Petrogradskaja Nabereschnaja 4,
an der Großen Newa
Tel. 812/230 84 40
www.aurora.org.ru
Di–Do, Sa/So 10.30–16 Uhr
Metro: Gorkowskaja oder
Ploschtschad Lenina

Wie ein sauber angemaltes Stahlplatten-Ungeheuer aus einem Fantasy-Film sieht der Kreuzer aus, der seit 1948 hier als **Museum** und **Revolutions-Devotionalie** liegt. Auf diesem Schiff wurde im Februar 1917 erstmals die rote Fahne gehisst und am Abend des 7. November (25. Oktober alter Rechnung) der Blindschuss abgefeuert, der das Signal für die Eroberung des Winterpalais gab – und damit für die sowjetische Oktoberrevolution. Die ›Aurora‹ lag an jenem Abend bei der damaligen Nikolajewskij-Brücke (heute Leutnant-Schmidt-Brücke). Lenins Manifest ›An die Bürger Russlands‹ wurde nach dem Sturm auf das Winterpalais per Funk von der ›Aurora‹ verbreitet.

1903 vom Stapel gelaufen, hatte der Kreuzer an der verlorenen Seeschlacht von Tsushima gegen die Japaner 1905 teilgenommen. Noch im Zweiten Weltkrieg wurde die ›Aurora‹ bei der Verteidigung Petersburgs eingesetzt. Im Schiff wird heute eine Ausstellung des Marinemuseums gezeigt.

10 Finnländischer Bahnhof
Finnljandskij Woksal

Weltgeschichte im Vorstadt-Ambiente.

Ploschtschad Lenina
Metro: Ploschtschad Lenina

Nördlich vom Kreuzer Aurora wechselt man über die Sampsonjewskij-Brücke auf die Wyborger Seite und kann den Leninplatz mit dem Denkmal des Revolutionärs (1926 als eines der ersten in der Sowjetunion aufgestellt) und dem Finnländischen Bahnhof erreichen. Reisende, die zu ihren Datschen fahren, Pendler mit Einkaufstaschen, finnische Ausflügler bevölkern den Platz und das Stationsgebäude, das seit 1960 den alten Bahnhof ersetzt. Auf dem traf Lenin am 3. April 1917 kurz vor Mitternacht ein, nachdem er in einem plombierten Waggon aus der Schweiz durch Deutschland, weiter bis nach Stockholm und von dort nach Finn-

land gelangt war. Der deutsche Generalstab wollte mit dem »Bazillus des Bol-
schewismus« die russische Verteidi-
gungskraft unterhöhlen.

Von Tausenden erwartet, hielt Lenin
kurze zündende Revolutionsreden auf einem gepanzerten Fahrzeug. Schon drei
Monate später musste er, verkleidet und
auf einer Lokomotive versteckt, die Stadt
von demselben Bahnhof aus wieder verlassen, um sich in Karelien verborgen zu
halten. Mit derselben Lokomotive kehrte
er im Herbst 1917 zurück und bereitete
die Oktoberrevolution vor, diesmal mit
Erfolg.

Die historische grüne Lokomotive
Nr. 293 mit ihrem altertümlich wirkenden
Trichterschornstein wurde der Sowjetunion 1957 von Finnland als Geschenk
übergeben. Sie steht heute auf der Bahn-
steigseite in einer Glashalle.

*Auch eine Erinnerung an die Oktober-
revolution: der Finnländische Bahnhof
mit überlebensgroßem Lenin*

11 Botanischer Garten
Botanitscheskij Sad

*Von der Heilkunst zur Pflanzenkunde:
ein grüner Ort der Erholung.*

Uliza Professora Popowa 2
Tel. 812/234 17 64
Sa–Do 11–16 Uhr
Metro: Petrogradskaja

Zar Peter der Große kümmerte sich ein-
fach um alles. Für Heilpflanzen, die der
medizinischen Versorgung der Armee
dienen sollten, ließ er 1714 am kleinen
Fluss Karpowka einen Kräutergarten anlegen. Das Land an diesem Ufer der Petrograder Seite heißt seitdem ›Apothe-
kerinsel‹. Im 19. Jh. schließlich entstand
daraus der Kaiserliche Botanische Garten,
der 1897 auch ein Palmenhaus und Oran-
gerien in damals üblicher Glas-Eisen-
Konstruktion erhielt.

Heute erholen sich auf dem 16 ha
großen Gelände Spaziergänger und Stu-
denten der nahen Hochschulen. Wissen-
schaftlern stehen das 1823 gegründete
Botanische Museum (Tel. 812/234 06 73,

Die Glanzrolle des Sängerstars Fjodor Schaljapin: Boris Godunow, 1912 gemalt von Aleksandr Golowin, heute im Russischen Museum zu sehen

Mi, Sa, So 11–17 Uhr) – mit mehr als 5 Mio. Pflanzenarten weltweit das zweitgrößte Herbarium – und die Bibliothek (über 400 000 Bände) zur Verfügung.

Der benachbarte **Fernsehturm** (Telebaschnja, Ulitsa Akademika 3, Besichtigung nach Anmeldung unter Tel. 812/346 04 08) ist 310 m hoch und wurde 1962 erbaut. Er war der erste Fernsehturm der Sowjetunion. Von der Aussichtsplattform in 191 m Höhe hat man einen herrlichen Blick auf die Stadt.

12 Schaljapin-Haus
Kwartira Schaljapina

Gedenkstätte des Sängerstars.

Uliza Graftio 2 b
Tel. 812/234 10 56
www.theatremuseum.ru/eng/info
Mi–So 12–18 Uhr, jeden letzten Freitag im Monat geschl.
Metro: Tschornaja Retschka oder Petrogradskaja

In der Wohnung des weltberühmten Sängers **Fjodor Schaljapin** (1873-1938) wurde 1975 ein Museum zur ›Geschichte der russischen Oper‹ eingerichtet. Der große Bass-Bariton, der mit seiner dramatischen Technik die Darstellungstraditionen der Opernbühne revolutionierte, lebte in diesen Räumen mit seiner Familie von 1915 bis zu seiner Emigration 1920. Die prächtigsten Ausstellungsobjekte, zum Beispiel das perlenbestickte Kostüm seiner Glanzrolle im ›Boris Godunow‹, sind unterdessen im Theatermuseum [Nr. 49] zu sehen.

Der Weg von der nördlich gelegenen Metrostation (Tschornaja Retschka) ist übrigens sehr schön, über zwei Brücken und die Spitze der Steininsel immer auf den Fernsehturm zu.

Vom Ehernen Reiter zum Sommergarten – das imperiale Zentrum

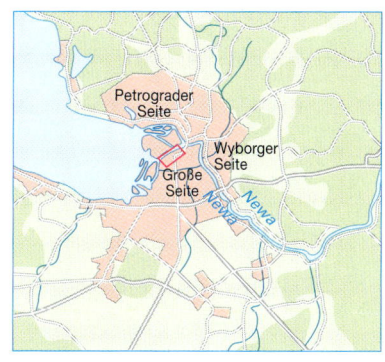

Katharina II. bedauerte, dass sie Canaletto nicht zu einer Reise nach St. Petersburg bewegen konnte. Zu Recht: Das **Panorama des Newa-Ufers** hätte den genialen venezianischen Schöpfer berühmter Dresdner und Warschauer Stadtansichten zu weiteren wunderbaren Bilder inspirieren können. In erlesener Harmonie von architektonischen Körpern und Freiräumen bieten sich die Paläste, Plätze, Portale und Straßenfluchten dieser imperialen Meile am brückenüberspannten Strom dar. Eigentlich wollte Peter der Große seine neue Hauptstadt auf die Inseln der Newa konzentrieren. Er wurde jedoch von seinen Nachfolgern korrigiert, die den Handlungsmittelpunkt auf das Festland verlegten.

1716 betrat ein junger Mann von 16 Jahren die Petersburger Szene, der in den folgenden fünf Jahrzehnten mit seinen Entwürfen das Stadtbild prägen sollte: **Bartolomeo Francesco Rastrelli**, in Paris geboren, wirkte in St. Petersburg anfangs mit seinem Vater, dem Florentiner Carlo Bartolomeo Rastrelli, und war ab 1741 kaiserlicher Hofarchitekt. Rastrellis Hauptwerke sind die Paläste in Peterhof und Zarskoje Selo sowie der Winterpalast, die Residenz der Zaren bis 1917, und das Smolnyj-Kloster.

🔲 Eherner Reiter
Mednij Wsadnik

Das Reiterdenkmal Peters des Großen, eine der berühmtesten Skulpturen des 18. Jh.

Ploschtschad Dekabristow
O-Bus 5, 14

1600 t schwer und aus einem Stück ist der Felsblock, der das lebensgroße Standbild des Zaren trägt. Lapidar sagt die Inschrift (russisch und lateinisch): »Peter dem Ersten, Katharina die Zweite, 1782«. Mit dem Stolz der Gleichwertigkeit ließ die Zarin ihrem Vorgänger das Denkmal errichten. Kein Geringerer als der französische Enzyklopädist Denis Diderot empfahl ihr dazu den Bildhauer Etienne-Maurice Falconet. Den Fels holte man aus Lachta am Finnischen Meerbusen, auf Rollen, Schienen und einem eigenen Schiff. In St. Petersburg wurde er ›Donnerstein‹ ge-

nannt. Unterhalb seines Atelierfensters ließ der Bildhauer einen Hügel aufschütten und – als lebensechtes Vorbild – Reiter hinaufstürmen. Die Schlange, die das Bronzeross niedertrampt, fügte Falconet als Symbol überwundener Missgunst hinzu. Herrscherlich, dynamisch weist Peters Rechte zur Newa, an den Platz seiner neuen Hauptstadt. Den Kopf des Zaren gestaltete Falconets Mitarbeiterin Marie-Anne Collot.

Den Namen ›Eherner Reiter‹ prägte Alexander Puschkin, der die Bronzefigur in seinem gleichnamigen Gedicht durch das überflutete Petersburg reiten ließ (1833). Der Schriftsteller Alexander Herzen (1812–1870) sah im Ehernen Reiter die Tyrannei verkörpert, derentwegen er sein halbes Leben im Exil verbringen musste.

Oft findet man Blumen zu Füßen des Denkmals, weil manche Bräute nach der Trauung dort ihren Strauß niederlegen.

14 Senat und Synod
Ploschtschad Dekabristow

Carlo Rossis klassizistisches Vermächtnis.

Bus 3, 22, O-Bus 5, 14

Zwei stattliche **Zwillingsgebäude**, die durch einen Torbogen miteinander verbunden sind, begrenzen den Platz nach Westen. Senat und Synod, als höchste weltliche und geistliche Institutionen des Zarenreiches von Peter dem Großen 1711 und 1721 ins Leben gerufen, hatten hier ihren Sitz, die Figuren über dem Bogen verkörpern daher Gerechtigkeit und Frömmigkeit. Die Gebäude sind das letzte größere Werk des Architekten Carlo Rossi (1834). Sie beherbergen seit 1955 das *Staatliche Historische Archiv*.

Auf dem Platz vor dem Gebäude kam es am 14. Dezember 1825 zum **Dekabristenaufstand** (von russ. *Dekabr*, Dezember), der Rebellion nach dem Tod Zar Alexanders I. Junge Adlige weigerten sich damals, den Eid auf Nikolaus I. abzulegen, da sie in den Befreiungskriegen gegen Napoleon den Ideen von Verfassung und Rechten des Volkes begegnet waren und daher eine Änderung des staatlichen Lebens und eine Verfassung wünschten. Unter dem persönlichen Kommando des 29-Jährigen Zaren wurde nach der Aufforderung zur Übergabe

mit Kanonen in die Menge geschossen. Fünf Anführer der Bewegung ließ Nikolaus I. hängen, viele andere nach Sibirien verschleppen.

An der Südwestecke des Platzes steht wie ein griechischer Tempel die ehem. **Reitschule der Garde**, von Giacomo Quarenghi 1807 erbaut (seit 1977 Ausstellungssaal des Verbandes der Bildenden Künstler). Die *Figuren* auf den beiden grauen Granitsäulen daneben wurden von dem deutschen Bildhauer Christian Daniel Rauch geschaffen, ein Geschenk des Habsburgers Ferdinand I. an den Zaren Nikolaus I. im Jahr 1845.

15 St.-Isaak-Kathedrale
Isaakiewskij Sobor

Eine der größten Kuppelkirchen der Welt, die größte, die im 19. Jh. gebaut wurde.

Isaakiewskaja Ploschtschad 1
Tel. 812/315 97 32
www.cathedral.ru
sommers Do–Di 10–20 Uhr, Kollonaden Do–Di 10–19, Einlass bis 18 Uhr, winters Do–Di 11–19, Einlass bis 18 Uhr, Kollonaden Do–Di 11–15 Uhr
Bus 3, 22, O-Bus 5, 14

24 000 Pfähle mussten für das riesige Gebäude in den sumpfigen Boden im Ne-

Stolz steht Peter I. als Eherner Reiter vor Senat und Synod

Nach 40 Jahren Bauzeit war das Werk vollbracht: die imposante St.-Isaak Kathedrale von 1858

wa-Uferbereich gerammt werden. Die tonnenschweren eisernen Rammen wurden mit Muskelkraft von einem Heer von Leibeigenen bewegt. 112 Granitsäulen tragen Dach und Kuppel, und mehr als eine halbe Tonne Gold wurde innen und außen für Vergoldungen verwendet. 1842 im Rohbau fertig, konnte die 14 000 Menschen fassende Kathedrale 1848 geweiht werden, war aber erst 1858 nach 40-jähriger Bauzeit vollendet.

Die Kirche wurde, wie ihre drei kleineren Vorgänger gleichen Namens, nach dem heiligen Isaak genannt, weil der Geburtstag Peters des Großen auf den Isaakstag fiel. Auguste Ricard de Montferrand, der Anfang des 19. Jh. den Auftrag zum Neubau der Kathedrale erhielt, war als Architekt unerfahren, aber ein geschickter Architekturzeichner. Sein Wettbewerbsbeitrag bestand aus 24 Entwürfen in nahezu sämtlichen Stilen der europäischen und fernöstlichen Kunstgeschichte – einer davon wurde angenommen. Auch diplomatisch geschickt, verstand Montferrand die Proteste der Petersburger Architektenkollegen mit einem überarbeiteten Entwurf abzublocken. Bei den vielen technischen und auch künstlerischen Problemen des Baus wurde Montferrand von einem Komitee erstrangiger Architekten beraten, dem auch Wassilij Stasow, Carlo Rossi sowie Alexander und Andrej Michailow angehörten.

Das Ergebnis ist gigantische Imponier-Architektur, in der Außengestalt von der italienischen Renaissance geprägt, im Innern ein ebenso prunkvoller wie niederdrückender Sakralraum. Nur der Blick zur Kuppel, in deren Höhe eine Taube schwebt, erhebt und erleichtert. Unter der Überfülle der **Kunstwerke** sind vor allem das bronzene *Zarentor* von Iwan P. Vitali, das *Kuppelgemälde* von Karl P. Brüllow und Peter V. Basin und die mächtige, mit Mosaikbildern geschmückte *Ikonostase* (60 m lang) zu nennen.

Das fast 30 m^2 große *Glasfenster* des Altarraums (Auferstehung Christi) entwarf Leo von Klenze, der sich im Übrigen aber nicht in die schwierige Baugeschichte hineinziehen ließ. Für Bewunderer schöner *Gesteinsarten* ist der Innenraum eine Fundgrube: Über vierzig Mineralien, Marmor- und Granitarten fanden Verwendung. Die Kathedrale war ab 1928 Museum, seit Juni 1989 dient sie wieder dem Gottesdienst.

Bei der obersten Kolonnade der Kuppel ist die **Aussichtsplattform** über 260 Stufen zu erreichen. Sie bietet einen schönen Panoramablick über die Stadt.

Blick in die rund 100 m hohe Kuppel der St.-Isaak-Kathedrale

16 Museum für die Geschichte der Religionen
Musej po Istorii Religij

Kunstwerke und Dokumente der großen Religionen.

Potschtamskaja 14/4
Tel. 812/312 35 86
www.relig-museum.ru
Do–Di 11–18, Kasse bis 17 Uhr, jeden
letzten Freitag im Quartal geschl.
O-Bus 5, 14, Bus 3, 22

In den 1930er-Jahren entledigte sich Stalin seiner Widersacher mit Schauprozessen. Auch die russisch-orthodoxe Kirche sowie andere Glaubensgemeinschaften, ihre Priester und Gläubigen wurden verfolgt. Als begleitende Maßnahme zur antirelgiösen Umerziehung richtete der Sowjetstaat in St. Petersburg das *Museum des Atheismus und der Geschichte der Religionen* ein. Bereits der Standort war eine Provokation für jeden Christen: die Kathedrale der Muttergottes von Kasan [Nr. 34].

Seit den 1990er-Jahren werden dort wieder Gottesdienste gehalten. Das Museum, aus dessen Namen der Atheismus entfernt wurde, hat ein eigenes Gebäude bezogen. Mit seinen Kunstwerken und Dokumenten zur Geschichte der Weltreligionen lohnt es einen Besuch.

St. Petersburg wurde als Hafen und ›Russlands Fenster nach Westen‹ gegründet, mit der Admiralität als baldigem Wahrzeichen ▷

17 Isaaksplatz mit Denkmal Nikolaus' I.
Isaakiewskaja Ploschtschad, Pamjatnik Nikolaju Perwomu

Repräsentative imperiale Platzanlage.

O-Bus 5, 14, Bus 3, 22

Südöstlich der St.-Isaak-Kathedrale öffnet sich der Platz überaus weiträumig, weil an seiner Südseite die Moika mit der 100 m breiten ›Blauen Brücke‹ überbaut wurde, so benannt nach der traditionellen Farbe des Geländers. Sie bildet den Vorplatz zum **Marien-Palais**, das 1844 von Andrej Stakenschneider für die Großfürstin Maria, eine Tochter Nikolaus' I., erbaut wurde. Es beherbergt heute das Stadtparlament, das aus dem Stadtsowjet hervorgegangen ist.

An der Ecke der Potschtamskaja-Straße (in der sich, wo ein Galeriebogen die Straße überspannt, das Hauptpostamt befindet) steht das um 1760 erbaute **Palais Majatlew**, in dem schon Diderot wohnte. Zwei Blocks weiter südlich zeigt ein noch immer modern wirkendes Gebäude aus rotem Granit funktionale Architektur: die 1911/12 erbaute **ehem. Deutsche Botschaft**. Architekt war Peter Behrens, der Mitbegründer der Münchner Sezession. Gegenüber, an der östlichen Platzseite, liegt das aus der Zarenzeit erhaltene **Hotel Astoria** (1914, Architekt: F. Lidwal). In seinem legendären Wintergarten, der nichts von seinem Charme der Gründerzeit eingebüßt hat, finden auch heute noch rauschende Ballnächte statt.

Das große **Reiterdenkmal Zar Nikolaus' I.** wurde von Montferrand und Peter Clodt geschaffen (1859). Der Sockel aus verschiedenen Gesteinen (Granit, Porphyr, Marmor) ist üppig geschmückt: Skulpturen und reiche Bronzereliefs zeigen u. a. Krisen in der Regierungszeit des Zaren wie den Dekabristenaufstand und Unruhen bei der Cholera-Epidemie von 1831. Die weiblichen Figuren sollen die Züge von Nikolaus' Frau und Töchtern tragen, als versöhnliche Allegorien des Glaubens und der Gerechtigkeit, Weisheit und Stärke, was Kritiker des Zaren zu hämischen Kommentaren veranlasste.

18 Admiralität
Admiraltejstwo

Scheitelpunkt des dreistrahligen Straßensystems der Großen Seite.

Admiraltejskaja Nabereschnaja 2/16
Bus 3, 22, O-Bus 5, 14

Mit seiner 406 m langen Front zum Alexander-Park und einer 163 m langen zum Dekabristenplatz verkörpert der riesige spätklassizistische Bau die dominierende Rolle der Seefahrt für St. Petersburg. Zur Zeit Peters des Großen befanden sich hier Werften und ein erster, mit Festungswällen umgebener Bau der Admiralität, den schon ein Turm mit schlanker Spitze krönte. Bis heute ist die **goldene Nadel**

Weit, aber dennoch menschliches Maß ▷
einhaltend: der wieder nach historischem
Muster gepflasterte Schlossplatz mit den
Bauten Carlo Rossis

über den ionischen Säulen und dem
wuchtigen quadratischen Tor-Unterbau
samt dem goldenen Segelschiff als Wet-
terfahne eines der Wahrzeichen von St.
Petersburg. Der Bau von Iwan K. Koro-
bow, der in den 1730er-Jahren entstanden war, genügte nicht mehr, als Anfang
des 19. Jh. das Marineministerium gegründet wurde.

Der **heutige Bau** entstand nach Entwürfen des Architekten Andrejan D. Sacharow, nach dessen Tod 1811 in seinem
Sinne weitergebaut wurde. Man hat diesen klar gegliederten, mit reichem Säu-
len- und Skulpturenschmuck belebten
Stil aus der Zeit Zar Alexanders I. auch
›Alexandrinischen Klassizismus‹ genannt.
Ins Auge springt aber auch die Übernah-
me der stereometrisch einfachen Architekturkörper, wie sie Etienne-Louis Boul-
lée und Claude-Nicolas Ledoux in der
französischen Revolutionsarchitektur pro-
pagierten. Im zaristischen Petersburg
konnten sie gleichsam politikfrei aufge-
griffen werden. Deutlich ist das am Kubus
des Torbaus mit dem Halbrund des
Durchfahrtbogens zu sehen.

Der reiche **Figurenschmuck** des Gebäudes bezieht sich auf die Seefahrt und
auf Russland als Beherrscherin der Meere.
Besonders imposant ist die Übergabe
des Dreizacks des Neptun an Peter den
Großen. Leider kann man die Admiralität
innen nicht besichtigen. An der Newa vor
der Admiralität steht das Denkmal ›Zar
Peter I. als Zimmermann‹ (1996).

große europäische Literatur in Russland
bekannt machte – und des Komponisten
Michail I. Glinka. Des weiteren erinnert
ein Denkmal mit einem Kamel an den
russischen Asienforscher Nikolaj M.
Prschewalskij (1839–1888). Er entdeckte
das mongolische Wildpferd, das von der
Wissenschaft nach ihm benannt wurde.

19 Alexander-Park
Alexandrowskij Park

Schattiger Stadtgarten.

Admiraltejskij Prospekt
Metro: Newskij Prospekt, Bus 7

Pausenplatz unter hohen Bäumen für
Büroangestellte und Oberschüler, Spa-
ziergelände für Rentner, vom Verkehrs-
brausen durchzogen: Das ist der erst 1872
angelegte Alexander-Park, der in der sowjetischen Ära Gorkij-Park hieß. Im Grün
stehen Statuen der Dichter Nikolaj W.
Gogol, Michail J. Lermontow und Wassilij
A. Schukowskij – eines Dichters der Ro-
mantik, der mit seinen Übersetzungen

20 Schlossplatz mit Alexander-Säule
Dworzowaja Ploschtschad, Alexandrowskaja Kolonna

*Im einstigen Zentrum der russischen
Staatsmacht ein Platz mit Überra-
schungseffekt.*

Metro: Newskij Prospekt, Bus 7

Diese Überraschung erlebt, wer nicht
von der Admiralität und der Schlossbrücke auf die weite Fläche tritt, sondern
vom Newskij Prospekt durch die schmale
Bolschaja Morskaja Uliza kommt. Zwei

Bögen sind zu durchschreiten, mit einem deutlichen Knick im Straßenverlauf. So öffnet sich – wie hinter einem aufgezogenen Theatervorhang – erst zuletzt der Blick auf das **imperiale Halbrund** des Platzes, auf die weiß-dunkelgrüne Palastfassade und die Triumphsäule davor.

Als Carlo Rossi, in Petersburg als Sohn einer Ballerina geboren und in Italien ausgebildet, nach dem russischen Sieg über Napoleon das Konzept des Schlossplatzes ausarbeitete, griff er auf Ideen Bartolomeo Rastrellis zurück, verwandelte aber dessen dekoratives Projekt eines Kolonnaden-Halbrundes in die Großmacht-Architektur des *lang gestreckten Verwaltungsgebäudes* für Generalstab und Außenministerium. Im linken Teil des *Generalstabs* werden großformatige Werke der Eremitage-Sammlung ausgestellt. Stattliche 580 m misst die Bogenlänge der säulengeschmückten Fassadenfront. In die Mitte, genau auf der Zentralachse des Winterpalastes, setzte Rossi den 27 m hohen **Triumphbogen** mit dem sechsspännigen Siegeswagen.

Aus der gleichen Zeit stammt auch die **Alexander-Säule** in der Platzmitte, mit ihren 47,5 m höher als die Säule auf der Place Vendôme in Paris. Der über 600 t schwere Granit-Monolith wurde in zweijähriger Arbeit aus dem Felsen modelliert und 1834 binnen 40 Minuten aufgerichtet, mit einem ingeniösen System von Flaschenzügen und Seilen, an denen mehrere Hundert Arbeiter und fast 1500 Soldaten ihre Muskelkraft einsetzten. Nach guter russischer Überlieferung soll der verantwortliche Architekt Montferrand, der Erbauer der St.-Isaak-Kathedrale, beim Bau der Säulenbasis im Winter angeordnet haben, den Zement mit Wodka zu mischen – gegen den Frost.

An der Ostseite des Schlossplatzes fügt sich das **ehem. Hauptquartier des Gardekorps** ein, das Alexander Brüllow 1837–42 schuf. Mit dem großzügig dimensionierten Durchgang zum Moika-Fluss und dem offenen Ausblick zur Schlossbrücke gewinnt der Platz trotz der mächtigen Architekturkörper eine splendide Weite – vergleichbar der tatsächlich viel größe-

Ein Schloss mit über 1000 Räumen: der Winterpalast ▷

ren Place de la Concorde an der Seine, doch nahezu autofrei, mit Ausnahme der Touristenbusse am Ostrand.

Szene russischer Schicksalsstunden war der Schlossplatz immer wieder: Im Januar 1905 ließ Zar Nikolaus II. am ›Blutigen Sonntag‹ die demonstrierenden Petersburger Fabrikarbeiter zusammenschießen und löste damit die erste Revolution aus. Am 2. August 1914 sanken Hunderttausende auf dem Platz in die Knie, als der Zar und seine Gattin sich nach der deutschen Kriegserklärung dem Volk auf dem Balkon zeigten. Drei Jahre später stürmten Lenins Bolschewiki den Winterpalast.

Heute lassen sich Hochzeitspaare vor der Alexander-Säule fotografieren, Touristen umdrängen ihre Fremdenführer und manchmal sprengt ein Reiter vorbei.

21 Winterpalast/ Eremitage-Museum
Simnij Dworez/Ermitasch

Einer der größten Paläste Europas, kostbare Schatulle für eine der weltweit reichsten Kunstsammlungen.

Dworzowaja Nabereschnaja 32, Eremitage: Dworzowaja Ploschtschad 2
Tel. 812/710 90 79
www.hermitagemuseum.org
Winterpalast Di–Sa 10.30–17, So 10.30–16 Uhr, Eremitage Di–Sa 10.30–18, So 10.30–17 Uhr, Einlass bis 1 h vor Schluss
Metro: Newskij Prospekt, Bus 7

Ein Hauch von Absurdität haftet der Bezeichnung Eremitage, zu deutsch: Einsiedelei, zweifellos an. Vor allem für den, der die 353 Räume der Staatlichen Eremitage durchwandert – als einer von 3–4 Mio. Besuchern, die Jahr um Jahr in den einstigen Palast der russischen Zaren drängen. ›Eremitage‹ ist eine historische Bezeichnung – ursprünglich meinte sie nur einen kleineren Teil des riesigen Schlosskomplexes an der Newa, dessen Kern der Winterpalast ist.

Die wichtigsten Stationen der **Baugeschichte**: Auch der Winterpalast hatte, wie so viele repräsentative Bauten St. Petersburgs, mehrere Vorgängerbauten. In einem der ersten starb 1725 Peter der Große (dort, wo heute das Eremitage-Theater steht). Nach immer neuen Erweiterungsbauten im 18. Jh. gab Peters Tochter, die Zarin Elisabeth, dem Hofarchitekten *Bartolomeo Rastrelli* Vollmacht zu einem Neubau. Der Zarenhof kampierte in einem Holzbau, während Rastrellis monumentaler Neubau entstand, ein geschlossenes Viereck mit Innenhof im ›Petersburger Barock‹.

Rastrellis **Winterpalast** ist gekennzeichnet durch die starke Gliederung mit rhythmisierten Reihen von Säulen, durch Kapitelle und Dach-Statuen sowie durch die kräftige Farbgebung (ursprünglich orangefarben). Als der Bau 1762 vollendet war, zog Katharina II. als Hausherrin ein. Kurz zuvor war ihr Gatte Peter III. ums Leben gekommen.

Der damals bereits über 1000 Räume umfassende Palast wurde aufs prächtigste ausgestattet (von Rastrelli, Sawa I. Tschewakinskij, Jurij M. Veldten, Jean Baptiste Vallin de La Mothe und Antonio Rinaldi), doch Katharina II. wünschte sich ein intimeres Ambiente für ihren Freundeskreis. So kam Vallin de la Mothe zu dem Auftrag für den Bau der **Eremitage**

(Kleine Fremitage, 1764-67), die östlich an den Winterpalast anschließt. Als er 1776 nach Frankreich zurückkehrte übernahm Veldten – Verwandter eines Kochs der Hofküche und in Tübingen, Stuttgart und Berlin zum Architekten ausgebildet – seine Pläne und fügte zur Uliza Millionnaja hin die **Alte Eremitage** an (1771–84).

Giacomo Quarenghi baute schließlich das **Eremitage-Theater** (1786). Das elegante kleine Gebäude, sichtlich von Palladios berühmtem Teatro Olimpico in Vicenza beeinflusst, wurde zu Ende des 19. Jh. umgebaut, doch ist der amphitheatralische Zuschauerraum erhalten.

Trotz der langen Zeitspanne von über drei Jahrzehnten, die seit dem Beginn des Rastrelli-Winterpalastes vergangen war, und trotz der unterschiedlichen künstlerischen Temperamente und Stile – man hatte im Petersburger Barock begonnen und unter Katharina II. klassizistisch weitergebaut – schließen sich die Fassaden harmonisch aneinander. Darauf hatte nachdrücklich die von Katharina schon 1762 eingesetzte Baukommission gedrängt.

Jurij Veldten trug zu diesem imponierenden Gesamtbild auch mit der Erneuerung der **Newa-Kais** bei, die den reißenden, mit seinem Eisgang unberechenbaren Fluss zähmen sollten. Die Kais wurden damals nicht nur neu befestigt, mit ihrer Einfassung aus rotschwarzem Granit avancierten sie zu einem Kennzeichen des kaiserlichen St. Petersburg. Am besten beobachtet man auf einer Bootsfahrt, wie die einst für Segelschiffe und Gondeln geschaffenen Anlegestellen dem Stadtbild zugute kommen.

Als 1837 die ganze Palastherrlichkeit bis auf die Ziegelmauern binnen dreier Dezembertage einer Brandkatastrophe zum Opfer fiel, wurde der Wiederaufbau mit fast unglaublicher Geschwindigkeit und großer restauratorischer Treue in Angriff genommen. Wassilij Stasow und Alexander Brüllow brauchten nur anderthalb Jahre, bis wieder die ersten großen Empfänge im Winterpalast stattfinden konnten. Damals wurden Rastrellis Jordan-Treppe, die Palastkirche, Carlo Rossis Militärgalerie sowie der Kleine und der Große Thronsaal sorgfältig rekonstruiert.

Architektonisches Prunkstück mit frommer Bedeutung: die Jordan-Treppe

Die **Jordan-Treppe** (oder auch Botschafter-Treppe) hat ihren biblischen Namen nach einer Zeremonie, die an die Hochzeit des Dogen von Venedig mit dem Meer erinnert, jedoch bei eisiger Temperatur stattfand. An jedem 6. Januar schritt der Zar die triumphale Barocktreppe hinab, um am ›Fest der Wasserweihe‹ teilzunehmen. Während die Priester das Wasser segneten, verharrte der Herrscher barhäuptig vor einem in die Eisdecke geschlagenen Loch. Die Gläubigsten seiner Untertanen ließen sich auch bei 15 Grad Frost zu einem Bad hinreißen, und zahllose Flaschen wurden mit Newa-Wasser gefüllt, um damit in den Kirchen die Gemeinde zu segnen.

Über die Jordan-Treppe gelangt man zum **Kleinen Thronsaal** (auch Peters-Saal, in Erinnerung an Peter den Großen), in dem der opulente Thron von Nicholas Clausen (um 1833) steht. In der **Militärgalerie** (auch ›Galerie von 1812‹ von Carlo Rossi, 1826) kann man Porträts von 332 Generälen aus den Kriegen gegen Napoleon betrachten. Der unmittelbar anschließende **Große Thronsaal** (auch St.-Georgs-Saal), ursprünglich von Giacomo Quarenghi, 800 m² groß und mit kostbaren Edelhölzern sowie 48 Marmorsäulen ausgestattet, zeigt an dominierender Stelle den hl. Georg als Drachentöter in einem Relief nach Entwürfen von Stasow.

Neuerdings kann man im Großen Thronsaal auch Konzerte hören. Zu der Reihe der Prunkräume im Hauptgeschoss gehören u.a. die **Königlichen Gemächer**, der riesige **Ballsaal** (1128 m²), der **Konzert-** und der **Malachitsaal**. Der Malachitsaal, der für Alexandra Feodorowna, die Gattin Nikolaus' I., geschaffen wurde, ist mit den tragischen Ereignissen von 1917 verknüpft [s. S. 39].

Die Goldsäulen und Kristalllüster, die meterhohen Malachitvasen und quadratmetergroßen Tischplatten aus Lapislazuli, der unglaubliche Luxus der Möbel, Tischaufsätze und Prunkuhren, das edle Parkett und die marmornen Mosaike – das ist das eine Erlebnis des Eremitage-Besuchs. Ein Höhepunkt dieser Palastpracht ist der lichte **Pavillonsaal** beim Wintergarten, der mit seinen goldenen Gittern und kleinen Springbrunnen jene festliche Leichtigkeit ausstrahlt, die den meisten Sälen abgeht (1856, von Andrej Stakenschneider).

Das andere große Erlebnis sind die **TOP TIPP** Kunstsammlungen des Staatlichen **Eremitage-Museums**. Sie sind in allen Teilen des Schlosses, einschließlich der Neuen Eremitage [Nr. 22] ausgestellt. Schon Peter der Große sammelte Gemälde, vor allem niederländische Meister (u.a. erwarb er ein Werk von Rembrandt). Erst mit Katharina der Großen trat Russland jedoch energisch in die Konkurrenz der gekrönten Kunstliebhaber ein. Statt an Friedrich den Großen, dem es nach dem Siebenjährigen Krieg an Geld für Kunstkäufe mangelte, gelangte 1764 eine Sammlung von 225 zumeist flämischen und holländischen Werken an Katharina, es folgten die Sammlungen des Grafen Heinrich von Brühl, des großen Dresdner Kunstliebhabers, und von Karl Cobenzl, des österreichischen Statthalters in Belgien. Binnen eines Jahrzehnts kamen in der Kleinen Eremitage über 2000 Gemälde zusammen.

Beim großen Brand von 1837 wurden die Bilder dank des Einsatzes der Feuerwehrleute gerettet. Auch der Sturm auf den Winterpalast während der Oktoberrevolution hatte keine Verluste zur Folge – im Gegenteil, die Beschlagnahmung der großen Privatsammlungen vervierfachte den Gemäldebestand der Eremitage. Eine Anzahl hervorragender Kunstwerke wurde von der bolschewistischen Regierung allerdings später ins Ausland verkauft.

Nachdem die Sammlungen den Zweiten Weltkrieg jenseits des Urals und in den Kellern des Winterpalais überdauert hatten, wurde das Museum bereits am 8. November 1945 wieder eröffnet.

Die Sammlung der Eremitage umfasst heute 3 Mio. Objekte, darunter sind rund 15 000 **Gemälde**. Auch wenn sich ein

Auch die Gänge der Eremitage sind prachtvoll geschmückt

Die erste Nacht des Sowjetreichs

Im Malachitsaal des Winterpalasts ist am Abend des 25. Oktobers 1917 (alte Zeitrechnung, neu: 7. November) eine übernächtigte Herrenrunde zu ihrer letzten Sitzung zusammengekommen. Es ist die Regierung der **ersten russischen Republik**, aber unter den Ministern fehlt der Chef: **Alexander Kerenskij** hat St. Petersburg verlassen, um loyale Truppen in die Stadt zu holen. Doch längst zu spät. Die Regierung ist faktisch festgesetzt, ein Ring bewaffneter **Roter Garden** umschließt den Palast des abgedankten Zaren. Um dreiviertel zehn dröhnt dann ein Schuss durch die Nacht, die ›Aurora‹ gibt damit den Aufständischen das verabredete Zeichen. Gemälde und Filmszenen haben später heroisch verherrlicht, wie die revolutionären Massen ihren nächtlichen Sturmangriff über das weite Halbrund des Schlossplatzes hin vortrugen. Die Sprache der Tatsachen ist jedoch weniger dramatisch. Es wird geschossen, aber nicht am Hauptportal und auf der Paradetreppe, sondern an einem Nebeneingang überwältigen die Roten Garden die spärliche Schar der Verteidiger, über eine Hintertreppe können sie eindringen.

Noch 1980 gab der damals 80-jährige Eremitage-Direktor Boris Piotrowski einem deutschen Fernsehteam zu Protokoll: »Die Truppen kamen nach oben, die Verteidiger lieferten im Nebenzimmer ihre Waffen ab. Der Sturm im Hause verlief ohne Verluste.« Der Anführer des ›Militärischen Revolutionskomitees‹ verhaftete um 2.10 Uhr die 18 anwesenden Mitglieder der Kerenskij-Regierung im **Weißen Speisesaal**, gleich neben dem Malachitsaal mit seinen märchenhaft schwarzgrünen Säulen. Die Verhafteten wurden in die Peter-und-Paul-Festung gebracht.

Im Weißen Speisesaal erinnert eine Inschrift an diese Nacht, aus der **Lenins Sowjetstaat** hervorging. Den Bauern versprach er den Grund und Boden der Gutsherrn, dem ganzen Volk die Beendigung des Krieges. Aber schon wenige Wochen später begann der ›Rote Terror‹.

Großteil des Bestandes in den Magazinen befindet, so trifft der Besucher in den Bildergalerien der Eremitage auf zahlreiche Spitzenwerke der Malerei, darunter Gemälde von Weltruhm. Die **italienische Kunstgeschichte** vertreten zwei berühmte Werke von Leonardo da Vinci: die ›Madonna mit einer Blume‹ (1478) und die ›Madonna Litta‹ (1490/91). Einen ebenso hohen Status genießen die ›Madonna Conestabila‹ (1502/03) und ›Die Heilige Familie‹ (1506) von Raffael. Auch einige furiose Spätwerke von Tizian gehören zur Sammlung. Die **spanische Malerei** ist u. a. mit El Grecos ›Die Apostel Petrus und Paulus‹ (um 1590) und Francisco de Goyas ›Porträt der Antonia Zarate‹ (1811) vertreten. Die Sammlung **flämischer Malerei** ist ebenso hochkarätig. So gibt es allein von Peter Paul Rubens 22 Gemälde, darunter ›Perseus und Andromeda‹ (1620/21) und ›Bacchus‹ (1640). Darüber hinaus kann man Werke seiner Schüler Anthonis van Dyck und Frans Snyders bewundern und mit den Produkten weiterer 140 flämischer Künstler in Beziehung setzen. Des Weiteren gibt es eine Auswahl **niederländischer Werke** mit etlichen Rembrandt-Bildern als Herzstück. Auch **deutsche Meister** des 15.–19. Jh. sind vertreten, darunter Caspar David Friedrich, Johann Friedrich August Tischbein und Lucas Cranach d. Ä.

Die Eremitage verfügt über eine umfangreiche Kollektion **französischer Meisterwerke** des 18.–20. Jh. Gemälde von François Boucher, Antoine Watteau, Jacques-Louis David und Eugène Delacroix stehen für das 18. und 19. Jh. Den farb- und formgewaltigen Aufbruch in die Moderne illustrieren berühmte Kompositionen von Paul Cézanne. Zur Sammlung der frühen modernen Malerei gehören weiterhin Gemälde von Claude Monet, Édouard Manet, Pierre-Auguste Renoir, Alfred Sisley und Paul Gauguin. Auch Henri Matisse ist reich vertreten. Mit 37 Bildern besitzt die Eremitage die **TOP TIPP** größte **Matisse-Sammlung** außerhalb Frankreichs. Am bekanntesten ist sicherlich das Monumentalgemälde ›Der Tanz‹ (1909). Hauptwerke von **Vincent van Gogh** und **Pablo Picasso** stellen weitere Glanzlichter im Kosmos dieser überreichen Gemäldesammlung dar.

Exzellent sind auch die **Antikenabteilungen** (Griechenland und Rom, Naher und Mittlerer Osten), die **Kunst und Kultur des Ostens** (u. a. China und Japan, Mongolei und Indien) sowie die **Münzen- und Ordensammlungen**. In einer **Schatzkammer** werden die berühmten skythischen Goldschätze und andere Kostbarkeiten (goldene Grabbeigaben aus Sibirien, Juwelen der Zarenära) gezeigt, zugänglich vorzugsweise für vorangemeldete Gruppen.

In der **Eremitage-Guggenheim-Galerie** im Ostflügel des Generalstabsgebäudes werden Werke der zeitgenössischen Kunst, Fotografien und Installationen gezeigt. Stärken kann man sich zwischendurch in den Cafés und Restaurants, die über die Gebäude verteilt sind.

In der Galerie des Krieges von 1812 hängt auch das Porträt des verbündeten Preußenkönigs Friedrich Willhelm III., der mit seinen Generälen Napoleon besiegt hat

Zehn starke Atlanten tragen den Portikus der Neuen Eremitage von Leo von Klenze

22 Neue Eremitage
Nowij Ermitasch

St. Petersburgs erstes Kunstmuseum, heute Teil der Staatlichen Eremitage.

Dworzowaja Ploschtschad 2
Tel. 812/710 90 79
www.hermitagemuseum.org
Di–Sa 10.30–18, So 10.30–17 Uhr, Einlass bis 1 h vor Schluss
Metro: Newskij Prospekt, Bus 7

Weil die Palasträume zu eng für die Kunstsammlungen wurden, begann man gleichzeitig mit der Wiederherstellung des abgebrannten Winterpalastes mit einem neuen Bau: die ›Neue Eremitage‹, die sich bis heute deutlich vom übrigen Palastkomplex abhebt.

Zar Nikolaus I., der sich 1838 in München zu heiratspolitischen Verhandlungen aufhielt, fand sich dort so beeindruckt vom Hofbaumeister König Ludwigs I., Leo von Klenze, dass er ihn für seine Hauptstadt zu gewinnen suchte. Klenze mochte an dem Wiederaufbau-Unternehmen nicht beteiligt sein, nahm aber den Auftrag für den Museumsneubau an. Als Bauplatz wurde ein Areal am auch heute noch venezianisch anmutenden Winterkanal gewählt, unmittelbar an die schon vorhandenen Eremitagegebäude anschließend. Es dauerte 13 Jahre, bis der Wahlmünchner den Bau vollendet hatte (1852) – zumeist aus der Ferne mühsam genug dirigierend, denn Klenze hatte in Bayern alle Hände voll Arbeit.

Der **Museumsbau** – der erste, der in St. Petersburg als solcher geplant war – zeichnet sich durch ein *Treppenhaus* von klassischer, strenger Klarheit und sensiblen Einsatz verschiedenfarbigen Steinmaterials (grüner, rötlicher und gelber Marmor) aus.

Blickfang der **Fassade** sind zehn monumentale *Atlanten* am Eingang, die von A.I. Terebenjew aus Granit gemeißelt wurden, nach Klenzes Zeichnungen und Modellen. Diese mächtigen grauschwarzen, glänzend polierten Granitmonolithen vergisst man nicht, wenn man sie einmal gesehen hat. Etwas Archaisches haftet ihnen an, Klenze selbst sprach von »Pharaonischem«.

23 Puschkins Wohnhaus
Musej-Kwartira Alexandra S. Puschkina

Heute Museum: die letzte Wohnung von Russlands größtem Dichter.

Nabereschnaja Reki Moiki 12
Tel. 812/571 35 31
www.museumpushkin.ru
Mi–Mo 10.30–18 Uhr, jeden letzten Freitag im Monat geschlossen
Metro: Newskij Prospekt

Alexander Puschkin bewohnte dieses schön an der Moika und nah beim Winterpalast gelegene Haus in seinem letzten Lebensjahr, so herrschaftlich, wie es sich nur ein ›Großdichter‹ leisten konnte.

Dem genialen Poeten mangelte es weder an Ehrgeiz noch an gesellschaftlichem Erfolg – und auch nicht an Neidern in einflussreichen Positionen. Daraus entspann sich ein Drama, das im perversen Mechanismus von gekränkter Ehre und intriganter Ehrenkränkung auf den Duelltod des erst 37-jährigen Dichters hinauslief. Kein schneller Tod nach dem Schuss in den Unterleib: zwei Tage und zwei Nächte grässlicher Schmerzen. Die schöne Natalija, seine Frau, um deren Ruf der Streit gegangen war, schlief im Sterbezimmer hinter einem Wandschirm.

Neben Büchern und Manuskripten sieht man die schwarze Weste und die Glacé-Handschuhe, die Puschkin beim Duell trug, die Totenmaske und eine Haarlocke.

24 Marmorpalast
Mramornij Dworez

Geschenk Katharinas II. für ihren Günstling Orlow.

Millionnaja Uliza 5/1
Tel. 812/312 91 96
www.rusmuseum.ru
Mi–Di 10–18, Mo 10–17 Uhr
Metro: Newskij-Prospekt (Ausgang zum Gribojedow-Kanal), dann ca. 15 Min. Fußweg

Der Architekt Antonio Rinaldi, der im Auftrag von Katharina II. den Palast am Newa-Ufer schuf, verwendete in schöner Farbabstimmung insgesamt 32 Marmorarten aus Russland, Finnland, Griechenland und Italien. Von 1768–85 dauerte die Bauzeit. Die Zarin schenkte das prachtvolle Palais noch während der Bauzeit ihrem Günstling und Liebhaber Grigorij G. Orlow. Der wundervolle blassgraugrüne Orlow-Diamant (199,6 Karat), mit dem sich der Fürst revanchierte, schmückt jetzt das russische Zepter im Moskauer Kreml.

Besonders prächtig anzuschauen ist die Ostfront zum baumbestandenen Palasthof hin. Das Innere des Palastes wurde im 19. Jh. umgebaut, nur die Marmorhalle und die Haupttreppe stammen noch von Rinaldi. Als Zweigstelle des *Russischen Museums* [Nr. 40] zeigt das **Ludwig-Museum** hier Werke aus der Stiftung moderner Kunst des Aachener Kunstsammlers Peter Ludwig. Die Sammlung zeigt Arbeiten von Pablo Picasso, Jeff Koons, Jean-Michel Basquiat, Andy Warhol, Jörg Immendorff und Gottfried Helnwein.

25 Marsfeld
Marsowo Pole

Seit 1920 ein Park mit Gedenkflamme.

Metro: Newskij-Prospekt (Ausgang zum Gribojedow-Kanal), dann ca. 15 Min. Fußweg

Anfang des 18. Jh. war hier der Sumpf, in dem die Moika entsprang. Schon Peter I. ließ ihn trockenlegen und Feste auf der Wiese veranstalten. Im 19. Jh. wurde der Platz zum Marsfeld, zu einem Truppen-Exerzierplatz. An der östlichen Seite entstand die *Kaserne des Pawlowsker Regiments*, eine überlange hellgelbe Front mit weißen Säulen am beherrschenden Mittelportikus. Heute hat hier die Verwaltung der Energieversorgung der Stadt ihren Sitz. Das Marsfeld war staubig und eintönig, als ›Sahara Petersburgs‹ bekannt. Erst als 1917 die Opfer der Februarrevolution dort bestattet wurden und in der Folge andere Revolutionshelden und Opfer des Bürgerkrieges ihre letzte Ruhe fanden, gestaltete man den Park. Die Bürger hatten dafür unbezahlte Arbeitseinsätze (Subotniks) zu leisten.

Vom Marsfeld öffnet sich eine weite Perspektive zur Newa und zur Dreifaltigkeitsbrücke [Nr. 7].

26 Michaelsschloss mit Denkmal Peters des Großen
Michailowskij Samok

Massives Festungsschloss mit Graben und Zugbrücke.

Sadowaja Uliza 2
Tel. 812/570 51 12
Mi–Mo 11–17 Uhr
Metro: Gostinnij Dwor (und Fußweg), Tram 2, 12

Für dieses **Schloss** musste 1796 der kleine Palast Bartolomeo Rastrellis abgerissen werden, in dem Paul I. im September 1754 geboren worden war. Die Architekten Wassilij Baschenow und Vincenzo Brenna errichteten an seiner Stelle einen klotzigen, innen düsteren, außen abweisenden quadratischen Bau mit achteckigem Hof, mit Erdwällen und Wassergräben, hinter denen der ebenso misstrauische und furchtsame wie tyrannische Zar sicher zu sein hoffte. Sein Schutzpatron, der Erzengel Michael, nach dem auch dieses Schloss benannt wurde (nicht zu verwechseln mit dem Michael-Palais [Nr. 40]), bewahrte Paul I. nicht vor seinen Attentätern. Schon knapp sechs Wochen nach dem Einzug, in der Nacht vom 11. März 1801, wurde er in seinem Schlafzimmer brutal erschlagen und erdrosselt.

Danach wollte kein Zar mehr in dem finsteren Schloss leben. Man richtete 1823 eine *Hochschule für Ingenieure* ein, an der 1838–41 auch Dostojewskij studierte. Das Schloss wird heute museal genutzt, ausgestellt werden u. a. Gemälde aus dem 19. Jh. und ein Baumodell von St. Petersburg mit englischen Erläuterungen und einem Dokumentarfilm über die Stadtgründung.

Das von Paul I. aus der Vergessenheit hervorgeholte **Reiterdenkmal Peters des Großen** von Carlo Rastrelli blieb an seinem Platz vor dem Michaelschloss, mit der Inschrift, die Katharinas Widmung am ›Ehernen Reiter‹ an Kürze noch übertrifft: »Pradjedu Prawnuk« – dem Urgroßvater der Urenkel.

Ein Schloss, in dem nach dem Mord an Paul I. kein Zar mehr wohnen wollte: das Michaelsschloss

27 Sommergarten mit Sommerpalast
Letnij Sad, Letnij Dworez

St. Petersburgs ältester Park, mit einem Schlösschen Peters des Großen.

Nabereschnaja Kutusowa
Tel. 812/314 03 74
www.rusmuseum.ru
Garten: Mai–Okt. Mi–Mo 10–22 Uhr, Nov.–März 10–20 Uhr, Palast Mai–Nov. Mi–Mo 10–18 Uhr, Nov.–März geschl.
Metro: Gostinnij Dwor (und Fußweg), Bus 25, Tram 51, 53

Geht man vom Marmorpalast in nordöstlicher Richtung am Newa-Ufer weiter, kommt man alsbald an ein hohes schmiedeeisernes, mit vergoldeten Rosetten geschmücktes **Parkgitter** von raffinierter Einfachheit und Harmonie. Dieses 1784 vollendete Gitter aus Tula bei Moskau (entworfen von Jurij Veldten und Pjotr Jegorow) war damals in ganz Europa berühmt wegen seiner Schönheit. Es umschließt den **Sommergarten**, einen Park, den sich schon Peter I. anlegen ließ.

Schon um 1800 eine touristische Attraktion: das Gitter am Sommergarten

Charmante Begegnungen mit marmornen Schönheiten im Sommergarten

Ein Schüler des französischen Gartenbaumeisters Le Nôtre, Jean Baptiste Leblond, gestaltete den Garten in französischer Manier, mit über hundert Marmorstatuen an schnurgeraden Wegen, mit Orangerie und Grotte. Leider schwand diese Pracht bei einer großen Überschwemmung 1777 dahin. Carlo Rossi baute 1826 ein Kaffeehaus, in dem man heute wieder Erfrischungen genießen kann. Nahe der Mitte der Hauptallee ist seit 1855 ein *Denkmal* des russischen Fabeldichters Iwan A. Krylow (von Peter Clodt von Jürgensburg) zu finden. Kinder sehen sich gerne die Fabel- und Tierfiguren am Sockel an, eine poetische Menagerie in dunkler Bronze. Immer noch stehen elegante, lächelnde *Marmorstatuen* im Parkgrün. Das ganze Parkareal ist von Wasser und Brücken umschlossen.

Der **Sommerpalast** an der Nordwestecke des Parks ist ein kleineres, in den Umrissen schlichtes Landhaus, zwei Stockwerke mit sechs Fenstern unter einem Walmdach, erbaut 1710–14 von Domenico Trezzini als Sommerwohnung für den Zaren (Erdgeschoss) und dessen Frau Katharina (Obergeschoss). Bis heute haben sich Täfelungen, Kamine, Kacheldekore, auch Bett und Wiege erhalten. Interessant sind *Porträts* von Katharina, Peter I., dessen Schwester Natalja und Tochter Elisabeth (im Obergeschoss). Auf dem Dach besaß der Zar einen Windmesser, den er an Instrumenten im Erdgeschoss ablesen konnte. Er pflegte in diesem Haus mit allerlei Werkzeugen zu basteln. Klein ist der Speisesaal – wer bei Peters Gastmählern keinen Platz fand, musste eben stehen.

Die Basreliefs mit Szenen und Allegorien des Nordischen Kriegs an den Außenfassaden wurden von dem berühmten deutschen Architekten Andreas Schlüter entworfen, der sich nach seinem Scheitern in Berlin nach St. Petersburg begeben hatte. Dort starb er, bevor er zu neuem Ruhm gelangen konnte.

Der Newskij Prospekt – St. Petersburgs Lebensader bei Tag und Nacht

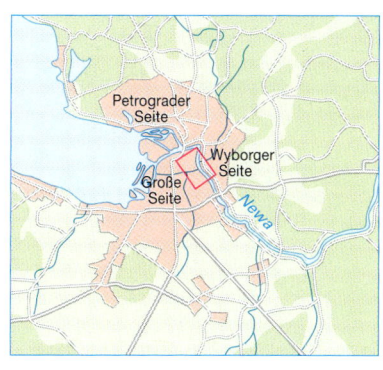

»Für Petersburg ist er alles«, schrieb der Schriftsteller Nikolai Gogol 1835 über den Newskij Prospekt, dessen Name an Alexander Newski erinnert, den legendären Nowgoroder Groß-fürsten des 13. Jh., dessen Grab sich in dem nach ihm benannten Kloster am östlichen Ende des Prospekts befindet. Der bis zu 60 m breite, 4,5 km lange ›Newskij‹ ist in der Tat ebenso die **Kultur-** wie die **Einkaufsmeile** der Stadt, ist ober- und unterirdisch eine unverzichtbare Hauptachse des Verkehrs – und er ist der Stolz der Petersburger. Selbst in der Sowjetära verweigerten sie sich erfolgreich der geplanten Umbenennung des Newskij Prospekt in ›Straße des 25. Oktober‹.

Jahrzehntelang vernachlässigt, erstrahlt die einstige Flanierpromenade, die vor dem Ersten Weltkrieg zu Europas elegantesten Boulevards zählte, wieder in altem Glanz. Wo sonst, wenn nicht hier auf dem Newskij wird augenfällig, wie sehr sich St. Petersburg seiner großen Vergangenheit bewusst ist.

28 Newskij Prospekt

Die einzigartige europäische Pracht-straße erstrahlt in neuem Glanz.

Metro: Gostinnij Dwor/Newskij Prospekt (für die Strecke von der Admi-ralität bis zur Fontanka), Majakows-kaja/Ploschtschad Wosstanija (für die Strecke jenseits der Fontanka) und Ploschtschad Aleksandra Newskogo (am östlichen Ende des Newskij)

Der Newskij Prospekt wurde auf Befehl Peters des Großen als Verbindungsstraße zwischen der Admiralitätswerft an der Newa und der Nowgorod-Moskauer Landstraße (deren Verlauf dem heutigen Ligowskij Prospekt entspricht) durch dichten Buschwald und sumpfige Wiesen angelegt.

Als Hauptstück einer größeren Stadtplanung erscheint diese **Magistrale** jedoch erst drei Jahrzehnte später. 1737 setzte Peters Nichte Anna eine Kommission ein, von der schließlich der dreistrahlige Straßenfächer vorgeschlagen wurde, der bis heute Petersburgs ›Große Seite‹ so übersichtlich gliedert.

Der *Newskij Prospekt* wurde der nördlichste der drei von der Admiralität ausgehenden Strahlen. Der mittlere Strahl – von der Admiralität zum heutigen Witebsker Bahnhof – ist die *Gorochowaja Uliza*. Der südlichste, der *Wosnesenskij Prospekt*, reicht von der Admiralität bis zum Warschauer Bahnhof. Von den konzentrischen Halbkreisen der Wasserwege Moika, Gribojedow-Kanal und Fontanka umschlossen, wurde die Admiralität so auf doppelte Weise zum Zentrum.

Dieses Straßenkonzept erwies sich nicht nur als verkehrstechnisch richtig, sondern zeitigte zugleich beträchtlichen Symbolwert – immer blieb und bleibt die goldene Turmnadel der Admiralität der Blickpunkt für die Bürger der Seestadt. Die ›Bolschaja Perschpektiwnaja Doroga‹, die ›Große Perspektive‹, war denn auch der ursprüngliche Name, der erst zu Zarin Annas Zeit in ›Newskaja Perschpektiwa‹ und dann in ›Newskij Prospekt‹ geändert wurde.

Von den 4,5 km Gesamtlänge des Newskij Prospekt sind die knapp 3 km von der Admiralität bis zum Moskauer Bahnhof/Ligowskij Prospekt am großzügigsten angelegt. Hier tobt das Geschäftsleben St. Petersburgs und ein Menschenstrom zieht unablässig auf und ab. Am Ploschtschad Wosstanija macht der Newskij Prospekt einen Knick nach Südosten und wird zur Wohnstraße mit klei-

Die Lutherische Kirche St. Peter am Newskij Prospekt

nen Läden und Imbissstuben, volkstümlich ›Starij Newskij‹ – alter Newskij – genannt. Dieser Teil ist die historische Verbindung zum Alexander-Newskij-Kloster (Lawra), er wurde schon 1712–18 als Weg für Pilger angelegt. Das Kloster lag damals weit vor der Stadt, bis Mitte des 19. Jh. bildete die Fontanka die Stadtgrenze.

Die harmonische Struktur des Straßenzugs ist noch heute so anzusehen, wie sie im **18. Jh.** geplant wurde, mit der gerühmten Proportion von Straßenbreite und einheitlich begrenzter Gebäudehöhe. Seinen flirrenden urbanen Charme gewinnt der Newskij Prospekt vor allem durch die abwechslungsreiche Gliederung mit freien oder parkgrünen Plätzen und brückenüberspannten Wasserstraßen. Immer neue Ausblicke zur Seite sind damit geschaffen.

29   Literatur-Café
Literaturnoje Kafe

Einst Treffpunkt von Literaten und Künstlern.

Newskij Prospekt 18
Tel. 812/312 60 57
Metro: Newskij Prospekt (Ausgang zum Gribojedow-Kanal), Bus 3, 7, O-Bus 5, 7, 10, 22

Das nach seinem ersten Eigentümer zunächst ›Kotomin-Haus‹, dann nach späteren Besitzern ›Wolf und Béranger‹ ge-

nannte Gebäude wurde 1812–15 von Wassilij P. Stasow erbaut. Mit verspielten Kandelabern, historischen Möbeln und alten Stichen wird die Welt des **ehem. Café Chinois** heraufbeschworen, in dem die Größen der russischen Literatur und Musik des 19. Jh. verkehrten: Puschkin ließ sich von hier zum fatalen Duell abholen, Tschaikowskij nahm in diesem Kaffeehaus das Gift zu sich, das ihm den Tod bringen sollte, Lermontow, Nekrassow, Turgenjew, Dostojewskij lasen und diskutierten an dieser Stelle. Heute speist man bei klassischer Musik im antiquiert-noblen Ambiente.

30   Moika-Fluss
Reka Moika

Uferspaziergänge und Bootsfahrten.

Metro: Newskij Prospekt (Ausgang zum Gribojedow-Kanal), Bus 3, 7, O-Bus 5, 7, 10, 22

Die Moika bewegt sich in weiten Windungen durch die vornehmsten und ruhigsten Teile der Großen Seite. Ein Spaziergang an ihren Ufern oder eine langsame Bootsfahrt (Anlegestelle am Newskij Prospekt) lässt zu allen Tages- und Jahreszeiten sehr schön das reizvolle Wechselspiel von glitzerndem Wasser und herrschaftlicher Architektur zur Geltung kommen. Die *Brücke* über die Moika am Newskij Prospekt wurde als erste eiserne Brücke der Stadt erbaut.

31 Stroganow-Palast
Stroganowskij Dworez

Eines der schönsten Barockschlösser der Stadt.

Newskij Prospekt 17
Tel. 812/312 90 54
www.rusmuseum.ru
Mi–So 10–18, Mo bis 17 Uhr
Metro: Newskij Prospekt

Das Gebäude ist eine Schöpfung Bartolomeo Rastrellis, des Architekten des Winterpalastes – doch die Hauptfassade beeindruckt bei aller Opulenz durch eine schon klassizistisch anmutende Klarheit (erbaut 1752–54).

Feierliche weiße Säulen zwischen den hohen Rundbogen der Fenster, zur Moika hin ein schöner schmiedeeiserner Balkon, im Giebel prangt breit das Familienwappen der Stroganows, die im 16. Jh. mit Salzhandel reich wurden und der russischen Expansion nach Sibirien erheblich Vorschub leisteten.

Die Stroganows besaßen in Sibirien Millionen von Hektar Grund, dazu Gold- und Eisengruben. Graf Alexander Stroganow wurde als Botschafter an den Wiener Hof entsandt, er brachte es zum Senator und als Kunstsammler zum Präsidenten der Akademie der Künste. Für seine Gemäldesammlung, die nach der Revolution in den Beständen der Eremitage aufging, und für sein Mineralienkabinett ließ er sich im Palast von Andrej N. Woro-

nichin festliche Säle und Galerien bauen. Nach Restaurierungen zeigt das Russische Museum hier einen Teil seiner Kunstsammlungen und das Mineralienkabinett.

32 Holländische Kirche und Lutherische Kirche St. Peter
Gollandskaja Zerkow, Ljuteranskaja Zerkow Sv. Petra

In die Fluchtlinie der Hausfassaden eingepasste Bauten des 19. Jh.

Newskij Prospekt 20 und 24
Metro: Newskij Prospekt

Östlich der Moika wurde nichtorthodoxen christlichen Gemeinschaften gestattet, am Newskij Prospekt eigene Gotteshäuser zu errichten. Zu sozialistischen Zeiten ihrer Bestimmung entzogen, wurden mittlerweile einige restauriert. Die **Holländische Kirche**, klassizistisch mit Säulen und flacher Kuppel, wurde 1836 von Paul Jacquot errichtet. In den anliegenden Häusern wohnten Mitglieder der schon seit Peter dem Großen hier ansässigen holländischen Kolonie. Heute werden in ihrer Bibliothek klassische Konzerte aufgeführt.

Durch ihren neoromanischen Stil fällt die **lutherische Kirche St. Peter** der deutschen protestantischen Gemeinde auf (urspr. 1730, umgebaut 1836–38 von Ale-

Einst das Haus einer der reichsten Fürstenfamilien im Zarenreich: der Stroganow-Palast

Kathedrale der Muttergottes von Kasan ▷

xander P. Brüllow). Sie beherbergte ein Hallenbad, dann ein wissenschaftliches Institut. Die Orgel – eine der größten Europas – verschwand. Die Kirche wurde der Gemeinde zurückgegeben, Gottesdienste und Konzerte werden veranstaltet. Vor der Kirche steht ein *Goethe-Denkmal* (2000) von Lewon Lasarew. Dahinter befindet sich in einem Anbau das deutsch-russische Begegnungszentrum.

33 Singer-Haus (Haus des Buches)
Dom Kompanii ›Singer‹ (Dom Knigi)

St. Petersburgs größte Buchhandlung, in einem Jugendstilhaus untergebracht.

Newskij Prospekt 28
Metro: Newskij Prospekt

Auffällig durch eine eiförmige Turmhaube, die von einer gläsernen Weltkugel gekrönt wird, präsentiert sich das ›Haus des Buches‹ (Dom Knigi) mit seiner hochbogigen Fenstergliederung und den Karyatiden als Beispiel dekorationsreicher Spätjugendstilarchitektur (erbaut 1902–04 von P. J. Sjusor). Hartnäckig, aber vergeblich hatten vor dem ersten Spatenstich die amerikanischen Bauherren um die Genehmigung für die Errichtung eines elfstöckigen Gebäudes gerungen und am Ende die Verordnung über die Stockwerkbegrenzung (kein profanes Bauwerk höher als der Winterpalast) mit dem bizarren Turm doch umgangen. Die Buchhandlung **Dom Knigi** bietet nach wie vor die größte Bücherauswahl der Stadt.

34 Kathedrale der Muttergottes von Kasan
Kasanskij Sobor

Das russische Gegenstück zum Petersdom.

Kasanskaja Ploschtschad 2
Metro: Newskij Prospekt

Wie riesige Arme öffnen sich die Kolonnaden mit 96 vierreihig angeordneten korinthischen Säulen zum Newskij Prospekt. Der Wunsch von Zar Paul I., in seiner Hauptstadt eine **Kathedrale** ähnlich der

Peterskirche im Vatikan zu besitzen, samt den Kolonnaden, wurde von dem beauftragten Architekten Andrej N. Woronichin auf durchaus eigenständige Weise und keineswegs mit einer Kopie erfüllt. Aber beim Baubeginn 1801 war bereits Alexander I. auf den Thron gefolgt.

Anders als Bernini am Petersplatz entwarf Woronichin nördlich und südlich der 90 m hohen Kirche einen *Kolonnadenhalbkreis* (der südliche wurde leider nie ausgeführt). Nur die *Kuppel* – erstmals mit einer eisernen Tragekonstruktion – nimmt direkt das römische Vorbild auf. Die *Bronzetüren* des Portals sind Ghibertis Paradiespforte vom Baptisterium in Florenz nachgeschaffen.

Beim bildnerischen Schmuck um das Hauptportal sind besonders die *Bronzestatuen* des hl. Wladimir und des hl. Alexander Newskij sehenswert, vorzügliche Arbeiten von Stepan Pimenow. Großfürst Wladimir führte 988 nach der Heirat mit einer byzantinischen Prinzessin das russische Volk zum Christentum, der Nowgoroder Fürst Alexander Newskij ist St. Petersburgs Stadtpatron [s. Nr. 65].

Im dreischiffigen **Innern** ragen 56 dunkelrote *Säulen* aus dem in St. Petersburg

so häufig verwendeten karelischen Granit auf, vier Pfeiler stützen die Kuppel, Marmormosaike schmücken den Boden. Das wundertätige *Marienbild*, die ›Muttergottes von Kasan‹, für das die Kathedrale erbaut wurde, ist heute nur noch als Kopie vorhanden. Das Original wurde 1579 in Kasan entdeckt, 1710 nach St. Petersburg gebracht und seit 1811 in der Kasaner Kathedrale verehrt, doch seit 1904 gilt es als verschollen.

Kaum war die Kathedrale 1811 geweiht (und bald darauf Napoleons Armee geschlagen), nutzte man sie – mit der Ausstellung von Beutestücken – auch als militärische Weihestätte. 1813 wurde in der nördlichen Seitenkapelle der Feldmarschall Michail I. Kutusow bestattet, dort, wo er vor dem Kampf gegen Napoleon, der Moskau schon erobert hatte, um die Rettung Russlands gebetet hatte. Kutusows Standbild ist das östliche der beiden *Denkmäler* an den Enden der Kolonnaden. Das westliche zeigt Barclay de Tolly, gleichfalls ein Feldherr im Krieg gegen Napoleon (beide Standbilder von Boris Orlowskij). 1932 hatte man ein *Museum des Atheismus und der Geschichte der Religionen* hier eingerichtet, das nun ein neues Gebäude nahe der St.-Isaaks-Kathedrale bezogen hat [s. Nr. 16]. Seit Anfang der 1990er-Jahre ist die Kathedrale wieder Gotteshaus, die Fassaden und die Kuppel wurden restauriert, die Glocken dürfen wieder tönen.

Den Platz vor den Kolonnaden schmückt eine **Grünanlage**, die entstand, nachdem 1876 der Sozialist Plechanow auf dem Freigelände eine große Demonstration geleitet hatte – man wollte Wiederholungen erschweren. Schauplatz tragischer Ereignisse war der Platz dennoch, u. a. am Blutigen Sonntag 1905 und bei der Revolution 1917.

35 Gribojedow-Kanal
Kanal Gribojedowa

Attraktives Teilstück des Wasserstraßensystems aus der Zeit Katharinas der Großen.

Metro: Newskij Prospekt

Die Kasan-Brücke führt den Newskij Prospekt über den Gribojedow-Kanal (ursprünglich Katharinenkanal), benannt nach dem Diplomaten und satirischen

▷
Ausflug auf dem Gibojedow-Kanal zur Christi-Auferstehungskirche ›Auf dem Blute‹
Unten: *Blick in eine Kuppel dieser Kirche*

Schriftsteller Alexander Gribojedow (1795–1829). In Sichtweite vom Newskij Prospekt liegen seine schönsten Partien. Nach Süden wird seitlich des Platzes neben der Kasaner Kathedrale eine überaus zierlich und harmonisch gestaltete Hängebrücke mit goldenen Greifenfiguren sichtbar, die **Bankbrücke** (Bankowskij Most). 1825/26 von Georges Traitteur vor dem Gebäude der Assignatenbank errichtet, ist sie eine der schönsten unter St. Petersburgs kleineren Brücken. Die **Assignatenbank** selbst ist ein Bau von Giacomo Quarenghi (1783–90), mit der Hauptfront zur Sadowaja Uliza.

36 Christi-Auferstehungs-kirche ›Auf dem Blute‹
Chram Woskresenija Christowa (Spas na krowi)

Zur Erinnerung an ein Zarenattentat erbautes Gotteshaus.

Nabereschnaja Kanala Gribojedowa
Metro: Newskij Prospekt

1. (13.) März 1881: Nach der Detonation einer Bombe bricht Zar Alexander II. verblutend auf dem Straßenpflaster zusammen. Ignatij Grinewizkij, ein Fanatiker der

Geheimgruppe ›Narodnaja Wolja‹ (Volkswille), die eine politische Veränderung des rückwärtsgewandten, antiliberalen Regimes nur durch Zarenmord für möglich hielt, hatte unter Aufgabe des eigenen Lebens Erfolg gehabt. Gleich nach dem Attentat begann man, die Kirche zu planen. Sie wurde genau an der Stelle errichtet, wo das Blut geflossen war.

Die Architektur, die so fantastisch farbig und verspielt anmutet, war ideologisches Programm. Nicht gegliederte Klarheit des Baukörpers nach Petersburger Tradition, sondern altrussische (Moskauer) Formen, märchenhafte Pracht der Mosaiken (16 000 m²!) und goldene Zwiebeltürme sollten orthodoxes Gottesgnadentum manifestieren (1883–1907, Architekten: Alfred A. Parland und J. Makarow). Ein mächtiges schmiedeeisernes Gitter im Jugendstildekor umschließt das Kirchengelände.

37 Katharinenkirche
Ekaterininskaja Zerkow

Katholische Kirche mit historischen Grabstätten.

Newskij Prospekt 32–34
Metro: Newskij Prospekt

Aus der Häuserflucht etwas zurückgesetzt liegt der klassizistische, mit weißen Säulen und einer grünen Kuppel geschmückte Bau der römisch-katholischen Kirche (1762–83, Architekten: Jean Baptiste Vallin de la Mothe und Antonio Rinaldi). In der Katharinenkirche wurden prominente Persönlichkeiten beigesetzt, darunter Stanislaus II. August Ponjatowski, der letzte polnische König, der durch Katharina die Große auf den polnischen Thron gekommen war, 1795 aber abdanken musste und drei Jahre spater in St. Petersburg starb.

38 Stadt-Duma
Gorodskaja Duma

Signalturm und Zeugnis städtischer Selbstverwaltung unter der Zarenherrschaft.

Ecke Newskij Prospekt 31–33
Metro: Newskij Prospekt

Katharina II. führte die **Stadtverordnetenversammlung** 1785 ein und unter ihrem Sohn Paul I. wurde das gleichnamige Gebäude am Newskij Prospekt errichtet (1899–1904, Architekt: D. Ferrari).

Der hohe **Turm** diente zunächst der Feuerwache und später einer Spiegeltelegraphen-Verbindung mit Zarskoje Selo. Als Nebengebäude wurden die ›Silbernen Handelsreihen‹, von Giacomo Quarenghi erbaute Läden der Silberschmiede, einbezogen. Politik und Künste koexistierten, es gab Konzerte, dane-

51

Aus einem Schloss wurde – schon zur Zarenzeit – ein Museum der russischen Kunst. Im Vordergrund: Alexander Puschkin in Bronze

ben lasen Fjodor Dostojewskij, Alexander Blok und Sergej A. Jessenin aus ihren Werken.

Das zierliche Gebäude mit dem Säulenportikus östlich der Stadt-Duma wurde 1806 von Luigi Rusca geschaffen. Es dient heute als Theaterkasse.

39 Platz der Künste
Ploschtschad Iskusstw

Grüne Oase, von attraktiven Kulturinstitutionen umrahmt.

Metro: Gostinnij Dwor

Durch eine kleine Michailowskaja Straße am musterhaft renovierten Grand Hotel Europe kommt man schnell zum Platz der Künste. Hohe Bäume spenden Schatten – eine Idylle in der Großstadt.

Der großartige stadtprägende Architekt Carlo Rossi plante um 1830 diesen Platz, der damals nach dem jüngsten Sohn Zar Pauls I., dem Großfürsten Michail, hieß. Sonntags fotografieren sich Familien vor dem bronzenen **Denkmal Puschkins**, das Michail Anikuschin 1957 geschaffen hat.

Die Nordseite des Platzes nimmt das **Russische Museum** ein, östlich schließt sich das **Ethnografische Museum** an, an der Südseite finden sich das **Theater der Musikalischen Komödien** und das **Komissarschewskaja-Schauspielhaus** (1942 gegründet und nach der Schauspielerin Wera Komissarschewskaja benannt). An der Ecke zur Michailowskaja Uliza hat im Gebäude der ehemaligen Adelsgesellschaft die **St. Petersburger Philharmonie** ihr Haus, an der Westseite das Akademische Theater für Oper und Ballett, **TOP TIPP** das **Mussorgskij-Theater** (erbaut 1833 von Karl P. Brüllow, 1859/60 umgebaut, www.mikhailovsky.ru), das klassische und moderne Stücke spielt.

Russisches Museum

Russkij Musej

TOP TIPP *Eines der bedeutendsten Museen russischer Kunst.*

Inschenernaja Uliza 4/2
Tel. 812/595 42 48
www.rusmuseum.ru
Mi–So 10–18, Mo 10–17 Uhr
Metro: Gostinnij Dwor

Für den jüngsten Sohn Zar Pauls I., den Großfürsten Michail Pawlowitsch, baute Carlo Rossi 1819–25 das **Michael-Palais** (Michailowskij Dworez), mit Paradehof, Freitreppe, mächtigen korinthischen Säulen – an der Hauptfront acht, an der Gartenfront sogar zwölf – und der hochgerühmten ›Großen Treppe‹ im Inneren. Zar Alexander I. selbst überreichte bei der Einweihung seinem Bruder, dem Großfürsten Michail, auf einem goldenen Tablett Brot und Salz. Mit seiner Frau Jelena Pawlowna, einer württembergischen Prinzessin, rief der Großfürst hier einen literarisch-künstlerischen Salon ins Leben, für St. Petersburg eine Novität.

Als der letzte Zar, Nikolaus II., nach seiner Thronbesteigung den Palast für die Krone zurückerwarb und darin 1898 das **Russische Museum** einrichten ließ, erfüllte er damit einen Wunsch seines Vaters Alexander III. Anders als der Winterpalast wurde also dieses Michael-Palais schon vor der Revolution ein Kunstmuseum. Noch vor dem Ersten Weltkrieg begann die Erweiterung nach Entwürfen des Architekten Leontij Benua (Benois).

So wenig wie für die Eremitage reicht für das Russische Museum ein Tag, um die ausgestellten Bilder wirklich kennenzulernen. Für einen Rundgang und erste Bekanntschaft mit den Highlights der **Sammlung** sind drei Stunden vielleicht genug. Wer zuvor kein Museum russischer Kunst gesehen hat, ist danach um eine große Erfahrung reicher: Er hat einen ganzen Kontinent der Weltkunst für sich neu entdeckt, von den Ikonen aus den Klöstern des Mittelalters bis zu den Suprematisten um Kasimir Malewitsch, der auf anderem Wege als sein Landsmann Wassily Kandinsky zur abstrakten Malerei fand.

Seit der Perestrojka stehen etliche der rund 120 Säle des Russischen Museums im Umbruch. Vor allem die Werke des Sozialistischen Realismus verschwanden von den Wänden, um nie oder kaum je zuvor gezeigten Bildern der Moderne und des frühen 20. Jh. Platz zu machen. Insgesamt bleibt die Anordnung des offiziellen Rundgangs chronologisch, sie beginnt im Oberstock des Michael-Palais

Kasimir Malewitschs ›Mädchen auf dem Feld‹ (1928/29) im Russischen Museum

*Mehrere Säle des Russischen Museums
sind der altrussischen Malerei gewidmet*

und endet im Benois-Flügel mit dem 20. Jh. Nicht nur Gemälde werden ausgestellt sondern auch Skulpturen, Möbel und anderes Kunsthandwerk.

Zu den bedeutsamen Werke gehören die *Gipsmaske Peters des Großen* von 1719, sechs Jahre vor seinem Tod abgenommen, *Bilder der Hofgesellschaft* von Michail Lomonossow (1711–1765), Fjodor Ro-

kotow (1735–1808) und Fjodor Schubin (1740–1805) oder auch Andrej Rubljows (1360–1430) Ikone der ›**Taufe Christi**‹, die das zarte Kolorit des Malers sowie seine außergewöhnlich feine Linienführung zeigt, die Rubljow zum bedeutendsten Ikonenmaler werden ließ.

TOP TIPP

Herausragend ist auch Ilja Repins (1844–1930) virtuose Historienmalerei ›**Saporoger Kosaken schreiben einen Brief an den türkischen Sultan**‹. Zu sehen sind die feixenden Saporoger Kosaken, die einen nur so vor Beleidigungen strotzenden Brief an den Sultan schreiben. Dieser hatte zuvor die Unterwerfung Kosaken gefordert, obwohl sein Heer von ihnen besiegt worden war. Im Museum gibt es einen ganzen Saal mit Werken dieses großen Realisten, der für die tiefe Psychologisierung seiner Figuren weltbekannt ist.

TOP TIPP

Großartig ist auch Michail Wrubels (1856–1910) *symbolistische Malerei*, z.B. ›Fliegender Dämon‹, Michail Nesterows (1864–1942) ›Das heilige Russland‹ (Christus im Schnee), Léon Baksts (1866–1924) Porträts von Diaghilew und A. N. Benois sowie die Bilder der *klassischen Moderne*. Ausgestellt sind u.a. Wassily Kandinsky (1866–1944), Marc Chagall (1887–1985) und Wladimir Tatlin (1885–1953).

Besondere Aufmerksamkeit verdienen auch die ›rayonistischen‹ Bilder der Natalija Gontscharowa (1881–1962) und ihres

Ilja Repins berühmtes Gemälde der Brief schreibenden Saporoger Kosaken (1880/91)

Die Philharmonie ist seit über hundert Jahren Stätte von epochalen Uraufführungen

Mannes Michail Larionow (1881–1964), eine kubistische Lichtstrahlen-Malerei sowie *Porträts* bedeutender Künstler, wie sie Boris D. Grigorjew (1886–1939) von Anna Achmatowa und von Wsewolod E. Meyerhold gemalt hat.

41 Russisches Ethnografisches Museum
Rossiiskij Etnografitscheskij Musej

Völker von der Ukraine bis zum Pazifik.

Inschenernaja Uliza 4/1
Tel. 812/570 54 21
www.ethnomuseum.ru
Di–So 10.30–18 Uhr, den letzten Freitag im Monat geschlossen
Metro: Gostinnij Dwor

Das Museum sammelt Zeugnisse der Völker, die nach 1917 Teil der Sowjetunion wurden. Vorgestellt werden nicht nur die Kulturen der *Russen*, *Weißrussen* und *Ukrainer* sondern auch die *Kaukasusvölker*, *Turkvölker Mittelasiens* und die *Völkerschaften Sibiriens* mit ihren Lebensformen, Arbeitsgeräten und Kunsthandwerken, mit Kleidern und Küchenutensilien, Waffen und Teppichen.

Ein großer Teil der Bestände stammt aus dem Besitz der Akademie der Wissenschaften, die im 18.Jh. Expeditionen über den Ural hinaus förderte. Insbesondere die Dioramen und lebensgroßen Figuren machen die charakteristischen kulturellen Eigenheiten der verschiedenen Ethnien augenfällig. Zu den prächtigsten Ausstellungsobjekten gehören *grusinische (georgische) Metallarbeiten*, *turkmenischer Silberschmuck* und ein kostbarer grüner *Seiden- und Federmantel aus Kasachstan*, der mit goldenem Kopfschmuck getragen wurde.

42 Philharmonie
Filarmonija (Bolschoj Sal Filarmonija D. D. Schostakowitsch)

Ein Ort erlesener Musiktradition.

Michailowskaja Uliza 2
Tel. 812/312 98 71
www.philharmonia.spb.ru
Metro: Newskij Prospekt

Ohne Carlo Rossis Fassadenentwurf zu beeinträchtigen, gestaltete Paul Jacquot 1834–39 das Gebäude des Adelsclubs, dessen Festsaal von 1888 an als Konzertsaal diente. Seit 1921 ist hier die 1802 gegründete Philharmonische Gesellschaft beheimatet. Der prächtig marmorweiß und rot dekorierte Saal wird für seine ausgezeichnete Akustik gerühmt; auch Richard Wagner dirigierte in ihm (1863).

Immer wieder erlebte das Haus epochale Uraufführungen, von Anton Rubin-

steijn, Michail Glinka, Tschaikowskij und Alexander Borodin bis zu Rachmaninow und Dimitrij Schostakowitsch. Am 9. August 1942 wurde hier dessen 7. Symphonie, die ›Leningrader‹, die er in der belagerten Stadt komponiert hatte, aufgeführt und von allen sowjetischen Sendern übertragen, als Zeichen des Widerstandswillens. Schostakowitsch (1906–1975) wurde während der Stalin-Ära als ›Formalist‹ verleumdet, doch seit 1976 trägt die Philharmonie seinen Namen.

43 Großer Kaufhof
Bolschoj Gostinnij Dwor

Berühmter Handelshof aus der Zarenzeit.

Newskij Prospekt 35
www.bgd.ru
Metro: Gostinnij Dwor

Erstaunlich lebenskräftig erweist sich diese **Kaufhaus-Architektur** des alten Russ-

land. Obwohl schon 1785 eröffnet, ist der Bolschoj Gostinnij Dwor (Großes Haus für reisende Kaufleute) mit seiner Vielzahl an kleinen und großen Läden noch immer eines der meistbesuchten Kaufhäuser der Stadt. Das lang gestreckte Gebäude mit umlaufenden Arkaden nimmt einen ganzen Straßenblock ein.

Nachdem Bartolomeo Rastrelli schon 1748 einen ersten Entwurf geliefert hatte, wurde der Bau 1761–85 von Jean Baptiste Vallin de la Mothe im Auftrag der St. Petersburger Kaufleute errichtet, die ihre Waren hier vor Feuer, Wetter und anderen Bedrohungen sicher verwahren wollten. Nach dem Muster des Gostinnij Dwor in St. Petersburg entstanden solche ›Supermärkte der Zaren-Ära‹ im ganzen russischen Reich.

Legendäre Geschichten berichten von goldenen Schätzen: 1965 sollen Maurer bei Reparaturarbeiten im Gostinnij Dwor acht solid goldene Ziegel mit einem Gesamtgewicht von 128 kg gefunden haben – ein Versteck aus der Revolutionszeit?

*Aus der eleganten Ära des Newskij Prospekts:
die glasüberdachte ›Passage‹ (1846–48)*

Die **Metrostation Gostinnij Dwor**, verbunden mit der Station Newskij Prospekt, befindet sich direkt unter dem Kaufhaus.

44 Armenische Kirche
Armjanskaja Zerkow

Wiederbelebung einer Kirche.
Newskij Prospekt 40–42
Metro: Gostinnij Dwor

Der klassizistische Bau mit Säulenvorhalle und Kuppel (Architekt: Jurij M. Veldten, 1780) liegt am Newskij Prospekt etwas zurückgesetzt in der Häuserfront. 1930 wurde die Kirche geschlossen und als Werkstatt genutzt, der Marmorboden wurde entfernt und ein Zwischenboden eingezogen. Die Ikonostase verschwand.

1993 erfolgte die Rückgabe an die armenische Gemeinde. Anschließend wurde das Gotteshaus umfassend restauriert. Heute erstrahlt es wieder in altem Glanz und ist täglich für Gläubige und Besucher geöffnet.

45 Kaufhaus ›Passage‹
Univermag ›Passasch‹

Ladengalerie in Marmor und Glas.
Newskij Prospekt 48
Metro: Gostinnij Dwor

Auch St. Petersburg hatte teil an der europäischen Passagen-Mode des 19. Jh. Eines der frühen Beispiele dafür ist die glasgedeckte Ladengalerie, die R. A. Scheljaschewitsch 1846–48 nach einem Moskauer Vorbild gegenüber dem Gostinnij Dwor, dem Großen Kaufhof, erbaute. Während diese Moskauer Passage zerstört wurde, blieb die Petersburger glücklicherweise erhalten. Mit ihren 180 m Länge, drei Stockwerken und dem lang gestreckten, marmorgeschmückten Lichthof im Neorenaissancestil ist sie eine architektonische Rarität. Am Ende des 19. Jh. fand noch ein Umbau statt, heute sind Luxusgeschäfte einzogen.

46 Saltykow-Schtschedrin-Bibliothek
Bibliotheka Saltykowa-Schtschedrina

Russische Nationalbibliothek mit unschätzbar wertvollen Beständen.
Sadowaja Uliza 18
Tel. 812/310 28 56
nur auf Anfrage zugänglich
Metro: Gostinnij Dwor

Die prächtige Fassade der 1828–34 errichteten Nationalbibliothek (Entwurf: Carlo Rossi) mit eleganten ionischen Säulen und Statuen von Philosophen und Dichtern zeigt zum Alexandrinskaja-Platz. Mit über 26 Mio. Bänden ist die St. Petersburger Bibliothek nach der Moskauer Lenin-Bibliothek die zweitgrößte des Landes, mit Büchern u. a. in den rund 85 Sprachen der ehem. Sowjetunion sowie umfangreichen Auslandsabteilungen. Seit 1870 gibt es eine Belegstück-Abgabepflicht der russischen Verlage.

Auch für Besucher, die nicht russisch lesen, sind die *Sonderausstellungen* illu-

minierter mittelalterlicher Handschriften und kostbarer Wiegendrucke (die größte Sammlung in Russland) interessant. Die *Bibliothek Voltaires*, die dessen Verehrerin Katharina II. erwarb, wird ebenfalls hier bewahrt.

47 Jelissejew-Haus
Jeliseewskij Dom

Delikates für den Gaumen, Heiteres fürs Gemüt.
Newskij Prospekt 56
Metro: Gostinnij Dwor

Mit poliertem Granit, farbigem Glas unter hallenhohen Fensterbogen, ornamentierten Gesimsen und jugendstilbewegten Statuen setzt dieses von G.W. Baranowskij 1907 für die Delikatessenfirma Gebrüder Jelissejew gebaute Haus einen Kontrapunkt zur klassizistischen Schlichtheit in der Nachbarschaft.

Die untere Etage wird noch heute von dem Feinkost-Tempel eingenommen, wobei das Jugendstildesign erhalten blieb und die ganze Fülle des Angebots zurückgekehrt ist. So kann man heute Kavi-

Links: *Schatzkammer bibliophiler Kostbarkeiten: Saltykow-Schtschedrin-Bibliothek*
Unten: *Ein Tempel kulinarischer Genüsse: Feinkost bei Jelissejew*

ar, Salate, Krimsekt und ähnliche Luxusspeisen unter Kristallüstern, Spiegelwänden und Gusseisenblumen erstehen. In den Seitenstraßen – mit Fußgängerzone in der reizvollen Uliza Malaja Sadowaja – gibt es auch Jelissejew-Dependancen für Fisch- und Milchprodukte.

Im Obergeschoss hat das **Komödientheater** seit 1929 sein Domizil, für den Gast mit Russischkenntnissen ein Unterhaltungsangebot.

48 Denkmal Katharinas II.
Pamjatnik Jekaterine II.

Einziges Denkmal Katharinas in der Stadt.
Alexandrinskaja Ploschtschad
Metro: Gostinnij Dwor

Stattlich im faltenreichen Hermelinmantel, das Szepter elegant erhoben, steht die Zarin seit 1873 im Stil der damaligen Zeit pompös auf ihrem Sockel (Entwurf: Michail Mikeschin). Zu ihren Füßen drängen sich, auf schmaler Sitzbank rund um das Podest und viel zierlicher in der Ausführung, ihre Paladine: Marschall Alexander W. Suworow, Fürst Grigorij A. Potemkin, der einen türkischen Turban zertritt, Marschall Nikolaj P. Rumjanzew und Fürst Grigorij Orlow. Die einzige Frau außer Katharina ist die Präsidentin der Akademie der Wissenschaften, Jekaterina

Tanztheater wie nie zuvor

Man muss sich schon die genialen farbigen Zeichnungen und Gouachen des Petersburgers **Léon Bakst** (1866–1924) ansehen, um die legendären Auftritte des jungen Nijinskij, der Anna Pawlowa und der Ida Rubinstein nach fast einem Jahrhundert noch zu erleben. Das **Theatermuseum** am Alexandrinskij-Theater, gleich bei der berühmten Rossi-Straße, bewahrt einige solcher Schätze.

Von St. Petersburg ging zu Beginn des 20. Jh. die Erneuerung der Tanzkunst aus, die »damals in Europa in den letzten Zügen lag, unter dem Zwang einer akademisch erstarrten Routine. Durch Sergej Diaghilew erhielt sie den Peitschenhieb, der sie wie ein Wunder wieder erweckte« – so erinnerte sich die schöne Misia Sert, eine der reichsten Frauen Europas, an ihren russischen Freund.

Diaghilew, Impresario, ›Dompteur‹ und ›Zauberer‹, hatte sich mit seinen Künstlerfreunden Léon Bakst und **Alexandre Benois** zusammengetan, um junge russische Kunst in Westeuropa bekanntzumachen. Vor allem das Pariser Publikum strömte in Scharen herbei, als Diaghilew ein Gastspiel des ›Kaiserlichen Balletts‹ vom Mariinskij-Theater ankündigte. Das fand 1909 im ›Théâtre Le Chatelet‹ statt, mit dem gerade 20-jährigen **Waclaw Nijinskij**, den Tänzerinnen Anna Pawlowa und Tamara Karsawina, dem Komponisten Igor Strawinskij und mit dem von Bakst neu ausgestatteten Ballett ›Cleopatra‹.

»Ich war mir sofort bewusst«, erinnerte sich später die Dichterin und Ballet-Kennerin Anna Comptesse Mathieu de Noailles, »dass sich etwas Wunderbares ereignete, dass ich einer absolut einmaligen Sache beiwohnte. Alles, was die Fantasie beeindrucken, entzücken und gefangennehmen konnte, schien auf der Bühne vereinigt.« Es war eine Wiedergeburt der Ballettkunst und es war der Anfang der grandiosen Karriere der **Ballets Russes**. Zwei Jahrzehnte lang wurden ihre Gastspiele in den Metropolen Europas und Amerikas als absolute Höhepunkte moderner Tanzkunst bejubelt.

Die stärkste Frau der russischen Geschichte: Denkmal Katharinas II.

Daschkowa [s. a. Nr. 81]. Der **Alexandrinskaja-Platz** ist mit der südlich anschließenden Rossi-Straße die bedeutendste städtebauliche Leistung Carlo Rossis, ein Hauptwerk des europäischen Klassizismus. Auch die beiden kleinen *Pavillons* am Ostrand entwarf Rossi. Schöne Bäume machen den Platz mit seinen Bänken und historischen Lampen zu einer angenehmen Ruhestation.

49 Alexandrinskij-Theater und Theatermuseum

St. Petersburgs bedeutendstes Sprechtheater.
Alexandrinskaja Ploschtschad 2
Tel. 812/710 41 03
www.alexandrinsky.ru
Metro: Gostinnij Dwor

Eine preußische Prinzessin, die mit Zar Nikolaus I. verheiratete Alexandra, gab dem 1828–32 von Carlo Rossi errichteten **Theater** den Namen. In festlichem Gelb und Weiß leuchtet die Fassade, mit einer sechssäuligen Loggia, über der Apollo, der Gott der Künste, auf einer Quadriga heranstürmt. Der Zuschauerraum hat 1500 Plätze, die noch original erhaltenen geschnitzten Golddekorationen wurden vom Architekten Rossi entworfen. Zu den ersten wichtigen Uraufführungen gehörte 1836 Nikolai Gogols ›Revisor‹.

Im **Theatermuseum** (Ostrowskij Ploschtschad 6, Tel. 812/315 52 43, www.theatremuseum.ru, Fr–Di 11–18, Mi 13–19 Uhr) erinnert eine reiche Sammlung von Fotos, Requisiten und Programmheften an die Sternstunden des russischen Theaters. Besonders interessant sind die Aufnahmen aus Inszenierungen der Meisterregisseure Konstantin Stanislawskij (1863–1938) und seines Schülers Wsewolod Meyerhold (1874–1940). Von Meyerhold, der seit 1923 sein eigenes Theater in Moskau leitete, ist das große Modell eines seiner berühmten konstruktivistischen Bühnenbilder zu sehen. 1939 wurde er wegen ›Formalismus‹ festgenommen und 1940 in der Haft erschossen.

Als Repräsentant der russischen Opernkultur erscheint der Sängerstar *Fjodor Schaljapin* (1873–1938) mit persönlichen Gegenständen (Möbel, silberner Samowar, Grammophon), vor allem aber ist das perlenbestickte Originalgewand zu sehen, in dem er seine Glanzrolle als Boris Godunow sang [s. a. Schaljapin-Haus, Nr. 12]. Fotos und Pariser Plakate der Primaballerina *Anna Pawlowa*, vor allem

Noch immer eine der wichtigsten Bühnen in St. Petersburg: das Alexandrinskij-Theater

drei dramatisch-sensible Originalzeichnungen von *Léon Bakst*, vergegenwärtigen die große Epoche des Balletts am Anfang des 20. Jh. Bekannt ist das Theatermuseum auch für die großartige Sammlung von Tonaufnahmen, Manuskripten und Autogrammen.

50 Rossi-Straße und Lomonossow-Platz
Uliza Rossi/Ploschtschad Lomonossowa

Berühmtes Architekturensemble.
Metro: Gostinnij Dwor

Spiegelgleiche Symmetrie beherrscht diese kurze, von Carlo Rossi entworfene **Straße** mit den ausgeklügelten Proportionen – ihre Breite entspricht der Gebäudehöhe. Über den Rundbögen des hochgezogenen Untergeschosses treten die Fenster des Obergeschosses hinter den Reihen von paarweisen weißen Halbsäulen zurück. Von vielen hochgeschätzt wegen ihrer ästhetischen Perfektion, führt die Straße in den Augen anderer doch auch die Monotonie des Klassizismus vor. Nur 220 m, das Zehnfache ihrer Breite, ist die Straße lang. Die seit Anfang des 20. Jh. durch die *Ballets Russes* weltbekannte **Ballettschule** mit dem Ballettmeister Michail Fokin (1880–1942, seit 1923 in den USA) und der Tanzpädagogin Agrippina Waganowa (1879–1951) befindet sich hier. Aus der Ballettakademie Agrippina Waganowa gingen übrigens Berühmtheiten wie Anna Pawlowa, Waclaw Nijinskij, Galina Ulanowa und Rudolf Nurejew hervor.

Die Rossi-Straße mündet auf den kreisrunden **Lomonossow-Platz**, der sich zur Fontanka hin öffnet und gleichfalls von Carlo Rossi gestaltet wurde. Bemerkenswert sind besonders die Durchfahrt zur Lomonossow-Straße unter den überbauten Bögen und das Denkmal des genialen Universalwissenschaftlers Michail Lomonossow, des Mitbegründers der Moskauer Universität (1755). Die dreibogige *Fontanka-Brücke* mit Türmen und Ketten, ehemals eine Zugbrücke, stammt noch von 1785/87.

Etwas weiter südwestlich an der Fontanka trifft man auf das **Bolschoj Dramatitscheskij Teatr** (Towstonogow-Theater, Nabereschnaja Fontanki 65, Tel. 912/314 04 01, www.bdt.spb.ru), das nach der

Eine der vier berühmten Pferdebändiger-Gruppen auf der Anitschkow-Brücke

Oktoberrevolution unter Mitwirkung von Maxim Gorki neu gegründet wurde. Anfangs gehörte auch der Dichter Alexander Blok zum künstlerischen Direktorium. Später wurde es jahrzehntelang von dem berühmten Theaterregisseur Georgi Towstonogow geleitet, nach dem es dann benannt wurde. Noch heute ist es die beste Dramenbühne St. Petersburgs.

51 Anitschkow-Palast
Anitschkowskij Dworez

Palastkomplex mit bewegter Vergangenheit.

Newskij Prospekt 39
www.anichkov.ru
Metro: Gostinnij Dwor, Majakowskaja

Michail Anitschkow, ein Militäringenieur und Bataillonskommandeur, ließ sich 1741 auf einem Eckgrundstück an der Fontanka einen Palast erbauen, der immer wieder erwietert wurde. Nach dem Architekten Michail G. Semtschow waren Bartolomeo Rastrelli, Iwan E. Starow und später auch Giacomo Quarenghi am Bau beteiligt. Quarenghi setzte 1805 das ›Kabinett‹ mit seiner Säulenfassade an der Fontanka vor das Hauptgebäude. Dort übte das Kaiserliche Kabinett Regierungsgeschäfte aus. Zuvor waren im 18. Jh. die Schlossherren zumeist Günstlinge der Zarinnen gewesen, und das Palais hatte oft seinen Besitzer gewechselt. Zarin Elisabeth schenkte das Palais ihrem Geliebten Aleksej G. Rasumowskij, Katharina II. verehrte es dem berühmten Potemkin.

Auch Carlo Rossi baute den Palast noch einmal um, er fügte 1817/18 einen *rundgeschwungenen Flügel* südlich an das Hauptgebäude an. 1937 wurde der Anitschkow-Komplex als ›Palast der Jungpioniere‹ der Kinder- und Jugendorganisation der Kommunistischen Partei zur Verfügung gestellt. Heute beherbergt er ein Jugendzentrum, in dem Konzerte und Ausstellungen stattfinden.

52 Anitschkow-Brücke und Fontanka
Anitschkow Most

Die Bändigung eines Pferdes – viermal aufs Schönste dargestellt.

Metro: Gostinnij Dwor, Majakowskaja

Eine stattliche Brücke führt über die **Fontanka**, jenen Fluss, der mit seinem Wasser die Fontänen im Sommergarten versorgte – daher auch sein Name. 1789 fasste man die Ufer in Granit und baute den Fluss, der damals Stadtgrenze war, zum Kanal um. Die 6,5 km lange Fontanka ist an beiden Enden mit der Newa verbunden. Anstelle der ersten, vom Kommandeur Anitschkow 1715 gebauten Holzbrücke entstand eine **Steinbrücke**, die ihre heutige Gestalt 1839–41 erhielt.

Die vier bronzenen *Pferdebändigergruppen* gehören zu den populärsten Skulpturen der Stadt (Bildhauer: Clodt von Jürgensburg, 1841). Da sie schon damals Bewunderung erregten, wurden zwei der Pferde vom Zaren als Geschenk nach Berlin vergeben und dort vor dem Schloss aufgestellt – im spöttischen Volksmund hießen sie dann ›der gehemmte Fortschritt‹ und ›der geförderte Rückschritt‹. Auch nach Neapel gingen zwei weitere Rossebändiger als Geschenk. Schließlich entwickelte der Künstler eine Folge von vier Situationen ›Pferd und Jüngling‹, die nur in St. Petersburg zu sehen sind.

Das *Gitter* der dreibogigen Brücke schmückte Alexander Brüllow nach dem Vorbild von Schinkels Berliner Schlossbrücke mit Meerjungfrauen.

53 Schuwalow-Palast
Schuwalowskij Dworez

Prunkvoller Palast an der Fontanka.

Nabereschnaja Reki Fontanki 21
Tel. 812/313 49 05
www.cic.spb.ru
Metro: Gostinij Dwor, Majakowskaja

Mit imperialer Geste antwortet die Architektur am Fontanka-Ufer dem Wasserlauf, in einem weiten Bogen immer wieder herrschaftlich hervorgehobener Fassaden. Im Fall des Schuwalow-Palastes übertrifft die Pracht der **Innenräume** noch die Außenfront (ursprünglich wohl von Quarenghi erbaut, im 19. Jh. verändert). Vor allem der *Große Ballsaal* trumpft so protzig mit seinem Spiegel-Säulen-Lüster-Dekor auf, dass in den Augen puristischer Innenarchitekten die Grenze zum Kitsch überschritten ist. Auf der anderen Seite hat die extravagante Anhäufung von kostbaren Materialien auch ihren ästhetischen Reiz. Der Grafenfamilie Schuwalow gehörte der Palast nur zeitweise. Iwan Schuwalow (1727–1797) war Mitbegründer der Moskauer Universität und erster Präsident der St. Petersburger Akademie der Künste. In der kommunistischen Ära wurde der Palast als ›Haus der Freundschaft‹ genutzt. Heute organisiert hier das *Zentrum der internationalen Zusammenarbeit* (Zentr Meschdunaradnowo Sotrudnitschestwa) Kultur- und Kongressveranstaltungen.

54 Zirkus und Zirkusmuseum
Zirk i Musej Istorii Zirka

Zauberhafte Zirkuswelt in altem Stil.

Nabereschnaja Reki Fontanki 3
Tel. 812/313 43 90
www.circus.spb.ru
Metro: Gostinij Dwor

Russischer Zirkus ist berühmt. Daher sollte kein Zirkusfan den Besuch in dem historischen Bau seitlich der Fontanka versäumen. Mit steil ansteigendem Zuschauerrund wurde das Gebäude 1877 erbaut, mit einer schönen Kuppel und stattlichem Portal.

Scheppernd spielt die Musik im Manegenrund auf, beste Akrobatik und herrliche Clowns werden aufgeboten. Auch Tierdressuren gibt es zu sehen.

Im Obergeschoss des Zirkusbaus befindet sich das **Zirkusmuseum** (Tel. 812/ 570 74 13, Besichtigung auf Anfrage), in dem Plakate, Programme und Bilder aus der Zeit der Zirkusgründung ausgestellt werden. Damals war Gaetano Ciniselli der große Zampano und die skandalumwitterte irische Tänzerin Lola Montez gastierte hier.

55 Scheremetew-Palast und Musikmuseum
Scheremetewskij Dworez

Erinnerung an einen Heerführer.

Nabereschnaja Reki Fontanki 34
Tel. 812/272 38 98
www.theatremuseum.ru
Mi–So 12–18 Uhr, jeden letzten
Freitag im Monat geschlossen
Metro: Gostinij Dwor, Majakowskaja

Barocker Prunk zum Lohn für Schlachtenruhm – diese im 18. Jh. häufiger praktizierte Form monarchischer Dankbarkeit ließ auch das prächtige **Palais** der Familie Scheremetew entstehen. Dem bei Poltawa 1709 gegen die Schweden siegreichen Heerführer Boris P. Scheremetew hatte Peter der Große ein weiträumiges Areal an der Fontanka geschenkt. So erinnert das von einem Nachkommen errichtete Schloss mit dem stolz im Giebelfeld prangenden Familienwappen noch immer an das Ende der Großmachtambitionen des Schwedenkönigs Karls XII.

Sawa Tschewakinskij, ein Schüler Rastrellis, entwarf den Hauptbau mit der

Barockes aus dem Jahr 1846: der Belosselskij-Beloserskij-Palast

breit ausladenden Fassade, die kapitell-geschmückten Pilaster und prächtigen Fensterumrandungen. Im 19. Jh. fügte I. D. Korsini das schmiedeeiserne, teilweise vergoldete Gitter, N. L. Benua die Seiten-flügel hinzu [s. a. Nr. 59].

Heute beherbergt der Palast das **Mu-sikmuseum**, eine Zweigstelle des Thea-termuseums [s. Nr. 49]. Hier kann man Musikinstrumente aus dem 17. und 18. Jh. besichtigen. Eine Ausstellung widmet sich der Geschichte der Scheremetjew-Familie und des musikalischen Lebens in Russland vom 18.–20. Jh. Außerdem wer-den hier Konzerte aufgeführt.

56 Belosselskij-Beloserskij-Palast
Belosselskij-Beloserskij Dworez

Imposanter, doch schon zur Zeit der Entstehung anachronistischer Barockbau.

Newskij Prospekt 41
Tel. 812/315 40 76
Metro: Gostinnij Dwor, Majakowskaja

Das Palais auf dem Eckgrundstück an der Fontanka prangt in feierlichem Blutrot, von dem sich die weißen Ornamente kostbar abheben. Dieses Farbspiel stellt nicht nur den Anitschkow-Palast ge-genüber, sondern selbst den Winterpa-last in den Schatten. Der Architekt Andrej Stakenschneider hielt sich eng an seine Vorbilder Rastrelli und Tschewakinskij, obwohl er diesen Palast erst 1846 baute. In zwei schönen neobarocken Sälen wer-den heute *Konzerte, Lesungen* u. ä. veran-staltet.

57 Kunstgewerbemuseum
Musej Prikladnogo Iskusstwa

Kunsthandwerk in einer Kunsthoch-schule.

Soljanoj Pereulok 13
Tel. 812/273 32 58
Di–Sa 11–17 Uhr
Metro: Gostinnij Dwor

Das Gebäude wurde 1885–95 von Maxi-milian Meßmacher im historisierenden venezianischen Stil erbaut. Ursprünglich beherbergte es die *Zentralschule für in-dustrielles Design*, die von Baron Alexan-der Stieglitz gegründet wurde. Heute zeigt das hier das Kunstgewerbemuseum Objekte vom Altertum bis heute, darun-ter italienische Keramik, russische Ka-chelöfen, Holzmöbel u. a. Die Sammlung zählt rund 30 000 Einzelstücke. Außerdem finden Wechselausstellungen zu modernem Design statt.

58 Nekrassow-Museum
Musej Kwartira Nekrassowa

Großbürgerliches Ambiente eines fortschrittlichen Dichters.

Liteinij Prospekt 36
Tel. 812/272 01 65
So–Mo 11–18 Uhr
www.museumpushkin.ru
Metro: Majakowskaja

Der Abstecher vom Newskij Prospekt zum Liteinij Prospekt führt in ein Viertel voller literarischer Erinnerungen, mit Galerien, Buchhandlungen und Antiquariaten, aber auch zum einstigen KGB-Hauptquartier. Leicht kann man den Hauseingang zu der großbürgerlichen Wohnung des Dichters und Publizisten Nikolaj Alexejewitsch Nekrassow (1821–1878) übersehen. Außer Gemälden, Manuskripten und Dokumenten begegnet man in den größten Zimmern sogar je einem ausgestopften Bären – soviel Platz hatte der Dichter, der hier mit Frau und Freund lebte. Seine gesellschaftskritischen Schriften befassten sich mit den Folgen der nur halbwegs gelungenen zaristischen Reformen, z. B. der Aufhebung der Leibeigenschaft 1861.

59 Anna-Achmatowa-Museum
Musej A. Achmatowoj

Ergreifende Lebenszeugnisse der Lyrikerin.

Nabereschnaja Reki Fontanka 34
(Eingang: Liteinij Prospekt 53)
Tel. 812/272 22 11
www.akhmatova.spb.ru
Di–So 10.30–18.30, Kasse bis 17.30 Uhr
Metro: Majakowskaja

Anna Achmatowa lebte hier, über dem verwilderten kleinen Park des Scheremetjew-Palasts, von 1924 bis zu den Jahren der Blockade, in denen sie evakuiert wurde, und dann wieder von 1944 bis 1954. Sie war Vertreterin des sog. *Akmeismus*, einer poetischen Richtung, die die Schönheit der Dinge um ihrer selbst willen beschrieb und sie nicht als Symbol abstrakter Ideen betrachtete.

Anna Achmatowa wurde schon in den 1920er-Jahren diskriminiert, wegen ihres ersten, bald von ihr geschiedenen Mannes, des Dichters Nikolaj Gumiljow, der 1921 als angeblicher Verschwörer erschossen worden war. Bei den stalinistischen ›Säuberungen‹ der 1930er-Jahre wurden ihr zweiter Mann und ihr Sohn verhaftet. Nach einer Atempause während des Krieges – damals durfte sie Gedichte veröffentlichen – wurde sie 1946 wieder wegen bürgerlich-aristokratischem Ästhetizismus angeprangert und erst 1959 rehabilitiert.

Im **Museum** sieht man neben persönlichen Gebrauchsgegenständen ihre kleine Handbibliothek und eine Porträtzeichnung von Modigliani, die während ihres Parisaufenthalts vor dem Ersten Weltkrieg entstand. Im Erdgeschoss des Hauses befinden sich ein gemütliches Café und ein Ausstellungssaal.

60 Platz des Aufstands
Ploschtschad Wosstanija

Platz am östlichen Newskij Prospekt.

Metro: Ploschtschad Wosstanija

1917 weigerten sich hier Einheiten eines Garderegiments, auf friedliche Demonstranten zu schießen, und schlossen sich den Revolutionären an – der Name des Platzes und ein riesiger, von einem Stern gekrönter Obelisk erinnern daran. An der Südseite liegt der verkehrsreichste Bahnhof der Stadt, der **Moskauer Bahnhof** (Moskowskij Woksal). Das Gebäude wurde 1851 zur Eröffnung der Fernstrecke St. Petersburg–Moskau fertig gestellt – in einem palastartigen Stil (Architekt: Konstantin Ton), da man Bahnhöfe zu Vergnügungsstätten mit Kleinbühnen und Tanzcafés machen wollte.

61 Ehem. Nikolauskirche
Nikolskaja Zerkow

Wechselhaftes Schicksal – einst Altgläubigen-Kirche, dann Arktismuseum.

Uliza Marata 24 a
Tel. 812/113 25 49
Mi–Sa 10–18, Kasse bis 17 Uhr
www.polarmuseum.sp.ru
Metro: Wladimirskaja

Bis 1937 hielten in der 1820–26 erbauten **Nikolauskirche** die Altgläubigen Gottesdienst (die ›Raskolniki‹, die sich den Reformen des Patriarchen Nikon von Moskau im 17. Jh. verweigerten). Unter Stalin wurde die Kirche in ein **Museum für Arktis und Antarktis** umgewandelt, in dem zwischen den Marmorsäulen des Kirchenschiffs ein Propellerflugzeug mit hölzernen Schlittenkufen einflog. Heute kann man hier das Orginalzelt des Expeditionsunternehmens ›Nordpol 1‹ (1937–38) besichtigen. 274 Tage verbrachten in ihm die Forscher damals bei bis zu minus 50 °C auf einer treibenden Eisscholle. Auch die arktische Tierwelt hat ihren Platz in der Ausstellung: So begegnet man Polarfuchs, Walross, Eisbär und Schneehase. Unterhalb der Kuppel widmet sich eine kleine Ausstellung der ersten Forschungsstation in der Antarktis, der Mirny, die 1957 eingerichtet wurde und heute noch in Betrieb ist. Mit seinen ca. 75 000 Exponaten ist es das einzige Museum für Polarforschung weltweit.

Die Gemeinde der Altgläubigen muss sich mit einer kleinen Kapelle begnügen, die ihr zurückgegeben wurde.

Für das Gnadenbild der Wladimir-Gottesmutter erbaut: die Wladimir-Kirche

62 Kusnetschnij-Markt und Wladimir-Kirche
Kusnetschnij Rynok, Wladimirskaja Zerkow

Lebensmittelmarkt bei der Kirche der ehemaligen Hofbedienten-Vorstadt.

Kusnetschnij Pereulok,
Wladimirskij Prospekt
Metro: Wladimirskaja

Bei der Wladimir-Kirche durften sich im 18. Jh. die Köche und Lakaien des Hofes ansiedeln. 1761–69 wurde für das Gnadenbild der Wladimir-Gottesmutter die barocke Fünf-Kuppel-Kirche nach orthodoxer Vorschrift gebaut. Der *Glockenturm*, im frühklassizistischen Stil, achteckig unten, rund im oberen Teil, folgte 1783. Viele Gläubige besuchen das wieder geöffnete, hellfarbige Gotteshaus. Gegenüber der Kirche steht ein Dostojewskij-Denkmal (1997). Neben der Kirche findet man auf dem **Kusnetschnij-Markt** (www.kuznechnin.sp.ru) alle Früchte des einst so großen Landes. Es ist wohl der schönste und am besten sortierte Lebensmittelmarkt der Stadt. Kleinhändler bieten auch davor allerhand Waren an.

An diesem Schreibtisch entstand Dostojew-skijs berühmter Roman ›Die Brüder Karama-sow‹

63 Dostojewskij-Museum
Musej F. M. Dostojewskogo

Bürgerliches Heim eines zur Ruhe gekommenen Genies.

Kusnetschnij Pereulok 5
Tel. 812/517 40 31
www.md.spb.ru
Di–So 11–18, Kasse bis 17 Uhr
Metro: Wladimirskaja

In dieser Wohnung mit hohen eisernen Öfen, breiten Holzdielen und schlichten Tapeten lebte **Fjodor Dostojewskij** von 1878 bis zu seinem Tod 1881. Er arbeitete dort an seinem Roman ›Die Brüder Kara-masow‹ (1880). Es war die Zeit, als sich in der Ehe mit seiner zweiten Frau Anna Gri-gorjewna Snitkina seine Lebensverhält-nisse konsolidierten, der Schuldenberg schwand und das Leben ruhig und be-haglich wurde. Dostojewskij empfing gern Freunde und trank starken Tee (im Speisezimmer steht noch der Samowar). Sein Arbeitszimmer wurde nach alten Fo-tografien rekonstruiert. Oft schrieb er dort nachts in der Stille. Man sieht auch den kleinen Schreibtisch Annas, an dem sie Buchhandelsabrechnungen machte und die Finanzen ordnete. Auf einer Pa-pirossi-Schachtel steht: »Am 28. Januar 1881 ist Papa gestorben.« Dostojewskij wurde erst seit den 1950er-Jahren wieder einer musealen Erinnerung für würdig befunden. Jetzt bemüht sich die Mu-seumsleitung mit Sorgfalt um die Erin-nungsstücke, die alle russisch und eng-lisch beschriftet sind.

64 Rimskij-Korsakow-Museum
Memorianij Musej-Kwartira N. A. Rimskogo-Korsakowa

Wohnung des ›Scheherazade‹-Komponisten.

Sagorodnij Prospekt 28, 3. Stock
Tel. 812/315 39 75
www.theatremuseum.ru
Mi–So 11–18 Uhr, jeden letzten Freitag im Monat geschlossen
Metro: Wladimirskaja

Man muss findig sein und bei der Haus-nummer 28 durch die Einfahrt in den Hof vordringen, dort an den rauen Mauern nach einem kleinen Schild suchen, das auf die Treppe in einem der Hinterhäuser hinweist. Dann ist man in der Wohnung des Komponisten, der eine erste Karriere als Seeoffizier machte und eines der großen russischen Musikgenies war. Mit Alexander Borodin (›Fürst Igor‹) und Mo-dest Mussorgskij (›Boris Godunow‹) ge-hörte **Nikolaj A. Rimskij-Korsakow** (1844–1908) zum sog. *Mächtigen Häuflein*, das die russische Musikszene im Sinne einer Anlehnung an die Tradition der Volksmu-sik beeinflusste. Sie alle sind in dieser Wohnung zu Gast gewesen, haben dis-kutiert und musiziert.

Nach der Revolution diente die Woh-nung zehn Familien als Obdach, unter großen Schwierigkeiten hoben die Nach-kommen Rimskij-Korsakows Möbel und Erinnerungsstücke auf. Originalgemälde von Michail A. Wrubel und Walentin A. Serow blieben erhalten, auch der Flügel des Meisters steht da. Von alten Schall-platten tönt Schaljapins Stimme. In dem Museum finden auch Konzerte statt.

Das Alexander-Newskij-Kloster wurde ein Zentrum der orthodoxen Kirche (›Lawra‹)

65 Alexander-Newskij-Kloster

Lawra Alexandra Newskogo

St. Petersburgs schönste Kloster-anlage mit Kirchen und Friedhöfen.

Nabereschnaja Reki Monastyrki
www.lavra.spb.ru
Metro: Ploschtschad Alexandra Newskogo

Am Ende der Achse des Newskij Prospektes und gerade gegenüber dem monotonen Block des Hotels ›Moskwa‹ wartet ein Kontrasterlebnis: Baumgrün und Stille, eine wohlbewahrte Insel frommer Tradition und nationaler Repräsentation. Politischer Anspruch gegenüber Schweden hatte 1710 Peter I. zur Gründung des Alexander-Newskij-Klosters bewogen, das 1797 als eines der vier höchstrangigen Russlands den Titel ›Lawra‹ erhielt. Alexander Newskij, ein Nowgoroder Fürst, russischer Nationalheld und Schutzpatron St. Petersburgs, hatte schon 1240 die Schweden an der Newa besiegt und war heilig gesprochen worden. Seine Gebeine wurden 1724 zum Zeichen des endgültigen russischen Gebietsanspruchs feierlich aus Wladimir hierher überführt.

Vom Alexander-Newskij-Platz geht man durch eine Torkirche auf einem schmalen Weg zwischen dem Lazarus- und dem Tichwiner Friedhof, über eine Brücke und durch ein weiteres Tor auf den baumbestandenen Innenhof. Dort steht gleich links das älteste Gotteshaus der Lawra, die **Verkündigungskirche**, 1722 von Domenico Trezzini errichtet, der die gesamte, symmetrisch barocke Klosteranlage entwarf. Im Inneren der Kirche liegen unter Marmorplatten *Gräber* der Familie Romanow aus petrinischer Zeit und das des Feldmarschalls Alexander W. Suworow mit der militärisch kurzen, von ihm selbst verordneten Inschrift »Hier liegt Suworow«. In der Oberkirche wurden die sterblichen Überreste Alexander Newskijs beigesetzt (der große originale Sarkophag befindet sich in der Eremitage).

Im Zentrum der lang gestreckten Klostergebäude ragt die **Dreifaltigkeitskathedrale** auf, im Petersburger Frühklassizismus vom Architekten Iwan Starow 1776–90 errichtet. In den zwei gedrungen wirkenden Türmen über der Hauptfassade sieht man die Glockenstühle, dahinter die mächtige Kuppel über der Vierung. Säulen mit korinthischen Kapitellen gliedern den dreischiffigen Innenraum. Im Kerzenglanz erstrahlt die wunderschöne *Ikonostase* aus Marmor und Achat mit Gemälden. Die Kirche dient dem täglichen Gottesdienst.

In den **Klostergebäuden** sind ein Priesterseminar und der Sitz des Metropoliten untergebracht. Auf dem **Friedhof** vor der Dreifaltigkeitskathedrale befinden sich Gräbern aus der Zeit der Revolution, des Bürgerkriegs und des Zweiten Weltkriegs. Viele Denkmäler sind alternativ zu christlichen mit politischen Symbolen verziert. Auch hinter der Kathedrale findet man ein baumüberwachsenes idyllisches Friedhofsgelände, den **Nikolaus-Friedhof**, mit einem kleinen Teich. Hier ruht Anatolij Sobtschak (1937–2000), der Reform-Bürgermeister der 1990er-Jahre.

Friedhöfe der Genies

Neben dem Alexander-Newskij-Kloster hat ein erlauchter Kreis berühmter Russen seine letzte Ruhestätte gefunden: Der Tichwiner Friedhof und der Lazarus-Friedhof liegen zwar außerhalb des Klosterbereichs, jedoch in seiner unmittelbaren Nachbarschaft, fast unter dem gleichen Baumschatten.

Der **Tichwiner Friedhof** (Tichwinskoje Kladbischtsche) ist der jüngere der beiden. Man begegnet auf ihm vor allem den Namen der großen **Musiker** und **Dichter** – wenn man die Buchstaben des russischen Alphabets zu lesen versteht. Am Eingang zahlt man eine geringe Eintrittsgebühr. Ein Rundgang auf den schmalen Pfaden des Friedhofs lohnt sich aber unbedingt, schon wegen der reichen Denkmalsarchitektur. Das Grabmal Dostojewskijs liegt nordöstlich, es zeigt eine gute Porträtbüste des Schriftstellers. Weiter in nördlicher Richtung, nahe der Mauer, findet man die Gräber der Komponisten Alexander Borodin, Modest Mussorgskij (mit Notenzitat), Nikolai Rimskij-Korsakow, Anton Rubinsteijn, Zesar Kjui und Pjotr Tschaikowskij (mit trauernden Engeln am Gedenkstein).

Der nördlich vom Eingangsweg gelegene **Lazarus-Friedhof** (Lazarewskoje Kladbischtsche) ist der älteste in St. Petersburg. **Aristokraten** und **reiche Kaufleute**, **Wissenschaftler** und Architekten erwarben die begehrten Grabplätze. Ihr Verkauf war dem Kloster eine wichtige Einnahmequelle. Man kann hier die Gräber der Baumeister Giacomo Quarenghi, Andrej Woronichin, Carlo Rossi, Thomas de Thomon, Iwan Starow und Wassili Stasow finden. Die letzte Ruhestätte des Universalgenies Michail Lomonossow ist in schlichtem klassizistischen Stil gehalten.

Auf dem Tichwiner Friedhof: das Grab des Komponisten Alexander Borodin

Von Neu-Holland zum Raskolnikow-Viertel – Petersburger Hinterhöfe und Zaren-Highlights

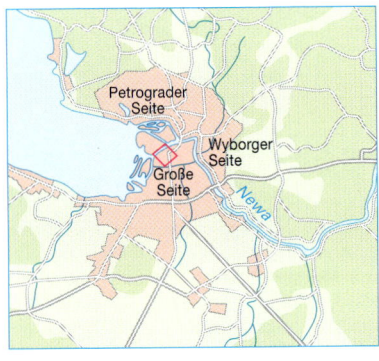

Wer wenig Zeit hat bei seinem St. Petersburg-Besuch, wird in diesem Stadtteil vielleicht nur das prächtige **Mariinskij-Theater** besuchen. Doch sind gerade die westlichen Stadtviertel um Moika und Gribojedow-Kanal auf ihre Art besonders reizvoll. Historisch und literarisch Interessierte finden zahlreiche Spuren, von Peter dem Großen und Fjodor Dostojewskij, von großen Musikern und dem geheimnisvollen ›Wundermönch‹ Rasputin.

66 Leutnant-Schmidt-Brücke
Most lejtenanta Schmidta

Technisches Denkmal mit schönem Ausblick auf Uferkais und Hafen.

Neptuns Dreizack und die schönsten Muscheln und Seepferdchen der Stadt schmücken die Gitter der 1843–50 erbauten, ersten dauerhaften **Eisenbrücke** über die Newa. Die einstige Nikolajewskij-Brücke wurde später in revolutionärer Huldigung an den Führer der Revolte des Jahres 1905 in Sewastopol, den Marine-Offizier P. P. Schmidt, umbenannt, der 1906 hingerichtet worden war. Von 2006–08 wird die Brücke restauriert und um 10 m verbreitert. Eine provisorische Brücke steht zum Ausweichen zur Verfügung.

67 Rumjanzew-Villa
Osobnjak Rumjanzewa

Ehemalige Adelsvilla der Grafen Rumjanzew, seit 1950 Stadtmuseum.

Anglijskaja Nabereschnaja 44
Tel. 812/230 03 29
www.spbmuseum.ru/rumyantsev
Do–Mo 11–18, Di 11–17 Uhr, Einlass bis eine Stunde vor Schließung
O-Bus 5, 22

In Erinnerung an den Grafen Nikolaj P. Rumjanzew, der um 1800 sein Vermögen

in Büchern und Gemälden anlegte und wissenschaftliche Unternehmungen wie die Weltumseglung des Schiffes ›Rjurik‹ förderte, heißt das Gebäude noch immer ›Osobnjak Rumjanzewa‹ (Villa Rumjanzew). Seine *Sammlungen* wurden später nach Moskau gebracht, die dazugehörigen Bücher und Manuskripte 1923 der Lenin-Bibliothek zugeschlagen. In der Sowjetära pflegte man andere Erinnerungen: Am Kai vor der Villa hatte am Abend des 7. November 1917 (nach neuem Kalender) der Kreuzer ›Aurora‹ seinen historischen Signalschuss abgefeuert; eine *Stele* aus dem Jahr 1939 von A.I. Gegello weist darauf hin.

Hinter der Prachtfassade mit zwölf Säulen und Frontgiebel im ›Alexandrinischen Klassizismus‹ kann man derzeit nur *Sonderausstellungen* sehen.

68 Neu-Holland
Nowaja Gollandija

Historische Industriearchitektur mit Wurzeln in den Anfängen St. Petersburgs.

Nabereschnaja Reki Moiki
O-Bus 5, 14, 22

An einer Flussbiegung der Moika ließ Peter der Große auf einer kleinen Insel das Bauholz für seine Werften stapeln. Die ersten Bauten waren aus Holz und vermutlich holländisch inspiriert. Als Pjotr

Der Dreizack Neptuns und eiserne Seepferde am Gitter der Leutnant-Schmidt-Brücke

69 # Jussupow-Palast
Jussupowskij Dworez

Der Mord an dem Zarengünstling Rasputin und die opulente Innenarchitektur machen den Palast zum viel besuchten Touristenziel.

Nabereschnaja Reki Moiki 94
Tel. 812/314 98 93
www.yusupov-palace.ru
tgl. 11–17 Uhr
Bus 22, 43

Michailow hatte der Zar auf einer Amsterdamer Werft das Handwerk des Schiffzimmermanns 1697 selbst gelernt.

Um 1770 entstanden hohe Steinhäuser aus roten Ziegeln, in denen das Bauholz senkrecht gelagert werden konnte. Diese **frühe Industriearchitektur** wurde von Sawa Tschewakinskij und Vallin de la Mothe (der u. a. die Akademie der Künste und den Großen Kaufhof entwarf) geschaffen, ebenso auch der ansehnliche **Torbogen** über dem kleinen Einfahrtskanal.

Das Büro des renommierten Architekten Norman Foster gewann 2006 den Wettbewerb zur **Neugestaltung von Neu-Holland**. Die einstigen Werften sollen in öffentliches Gelände umgewandelt werden. Dabei ist geplant, die unter Denkmalschutz stehenden Gebäude behutsam einzubinden und die übrigen Bauwerke zu ersetzen. Das zentrale Gebäude wird ein Festivals-Palast für 2000 Zuschauer. Daneben soll ein Amphitheater errichtet werden, das im Winter als Eislaufstadion genutzt werden kann. Hinzu kommen Hotels, Restaurants, Geschäfte, ein Bürokomplex, ein Museum und eine Galerie. Die Baukosten sind mit 320 Mio. Dollar veranschlagt.

Die **Kussbrücke** (1808–16) hat viele Namensdeutungen provoziert, ungewiss bleibt, ob sie wirklich nach dem Gastwirt Pozeulew (Pozeluj = Kuss) so benannt wurde. Über diese Brücke oder an ihr vorbei gelangt man die Moika entlang von Neu-Holland zum **Jussupow-Palast**. Dies ist der neuere Palast dieses Geschlechts, ursprünglich ein kleines Adelspalais, das Vallin de la Mothe um 1780 erweiterte (ein älterer Jussupow-Palast steht an der Fontanka). Erst in der 1. Hälfte des 19. Jh. erhielten die Räume im Obergeschoss ihre gegenwärtige Gestalt (Roter und Blauer Salon, Architekt: A. A. Michailow, Deckengemälde von Giovanni Scotti). Um 1860 baute Ippolito Monighetti das Treppenhaus im auftrumpfenden Imponierstil des Zweiten Kaiserreichs um (Deckengemälde von Giovanni Torcelli). Auch das kleine Theater wurde neobarockisiert, später sang hier Fjodor Schaljapin.

Im Palast der Fürsten Jussupow wurde 1916 der Mönch Rasputin ermordet

Der mit einer Nichte des Zaren verheiratete Fürst Felix Jussupow und seine Mitverschwörer ermordeten in der Nacht des 17. Dezember 1916 im Palast ihren Gast **Grigori Jefimowitsch Rasputin**, den sibirischen Mönch und Berater des Zaren. Richtiger: Sie versuchten den Mord mit Zyankali im Gebäck und mit Pistolenschüssen, mussten aber auf den angeblichen Wunderheiler, der dennoch in den Palasthof gelangte, nochmals schießen, bevor sie ihn schließlich durch ein Eisloch ins winterkalte Wasser der Kleinen Newa warfen. Merkwürdig genug angesichts der herrschenden Strömungen: Der Tote trieb nicht ins Meer hinaus, sondern wurde an der Krestowskij-Insel aufgefunden.

Felix Jussupow, der mit seiner Tat das angeschlagene Ansehen der Monarchie retten wollte, wurde verbannt. Er emigrierte nach der Oktoberrevolution mit einem Großteil seines Vermögens nach Frankreich. Die Kunstschätze der Jussupows wurden verstaatlicht, der Palast zum ›Haus des Lehrers‹ umfunktioniert. Heute werden Führungen durch die historischen Räume geboten. Die nachgestellten Szenen sind jedoch nicht authentisch.

70 Mariinskij-Theater
Mariinskij Teatr

Uraufführungstheater vieler großer russischer Opern und Ballette mit einem prachtigsten Zuschauerräume des späten 19. Jh.

Teatralnaja Ploschtschad 1
Tel. 812/326 41 41
www.mariinsky.ru/en
Bus 27, O-Bus 5, 22

Das feudale Ambiente der Zarenzeit, in dem mehr als ein Jahrhundert russischer Musik- und Ballettgeschichte Triumphe erlebte, ist unverbraucht, von den Genien und Putten unter dem blaugoldenen Gewölbe des Kuppelrunds bis zu den Brokatapplikationen des Bühnenvorhangs.

Seinen Namen hat das **Mariinskij-Theater**, wie es heute wieder heißt (zuvor: Kirow-Theater), nach Maria Alexandrowna, der Gemahlin Zar Alexanders II. Unter dessen Regierung erbaute es Albert Cavos, nachdem der Zirkus abgebrannt war, in dem russische Opern bis dahin aufgeführt worden waren. Das Mariinskij-Theater – fünf Ränge, 1760 Plätze – brachte die Opern ›Boris Godunow‹ und ›Fürst Igor‹ heraus, die Ballette ›Dornröschen‹ und ›Schwanensee‹ (nach Choreografien des französischen Ballettmeisters Marius Petipa), und auf der Mariinskij-Bühne tanzten Anna Pawlowa, Waclaw Nijinskij, die Kschessinskaja [siehe Nr. 4] und die

Ulanowa, schließlich auch der junge Nurejew, bevor er in den Westen emigrierte.

Noch heute zählt sowohl das Opernals auch das Ballettensemble des Theaters unter der Leitung von Waleri Gergijew zu den besten der Welt. Es werden klassische und moderne Inszenierungen gespielt.

Der Bau der neuen, zweiten Bühne am gegenüber liegenden Ufer, ein Projekt des Franzosen Dominique Perrault, zieht sich hin. Geplant ist ein futuristisch anmutendes, wabenartig verglastes Gebäude, das durch zwei Brückengängen mit dem alten Theater verbunden ist. Anfang 2007 trat der Architekt nach wiederholten Querelen mit der Stadtregierung zurück. Nun sollen russische Firmen den Bau ausführen.

Theater‹ (Bolschoj-Theater), das 1891–96 zur neuen Nutzung umgebaut wurde. Hier gelang mit Michail Glinkas ›Ein Leben für den Zaren‹ (1836) und ›Ruslan und Ludmilla‹ (1842) der Durchbruch russischer Opernmusik.

Gründer des **Konservatoriums**, das anfangs mit privaten Spenden finanziert werden musste, war 1862 der Komponist und gefeierte Pianist Anton Rubinsteijn. Tschaikowskij war unter den ersten Absolventen, Rimskij-Korsakow lehrte lange Jahre am Konservatorium und hatte als Schüler u.a. Strawinskij, Glasunow und Prokofjew. 1944 wurde zum 100. Geburtstag Nikolaj Rimskij-Korsakows das Konservatorium nach ihm benannt. Die Aufführungen von Konzerten, Opern und Balletten sind wichtiger Teil des Petersburger Musiklebens.

71 Konservatorium

Seit 1862 eines der wichtigsten Zentren russischer Musik.

Teatralnaja Ploschtschad 3
Tel. 812/314 96 93
www.conservatory.ru
Bus 22, 27

Das Gebäude des Konservatoriums genüber dem Mariinskij-Theater beherbergte bis 1889 das Petersburger Bolschoj-Theater. Die Theatertradition geht hier bis ins Jahr 1765 zurück, als Katharina die Große an gleicher Stelle einen hölzernen Bühnenbau errichten ließ. 1775–83 baute Antonio Rinaldi das ›Große Stein-

72 Alexander-Blok-Museum
Musej-Kwartira Alexandra Bloka

Ehemalige Wohnung des modernen russischen Dichters.

Uliza Dekabristow 57
Tel. 812/713 86 27
www.spbmuseum.ru/blokmuseum
Fr–Mo, Mi 11–18, Di 11–17, Do 13–20 Uhr,
Kasse öffnet bis 1 Stunde vor Schluss
Metro: Sennaja Ploschtschad

Der symbolistische Dichter war erst 40 Jahre alt, als er 1921 in dieser Wohnung

Blick auf die ehemalige Zarenloge des Mariinskij-Theaters

Erbaut für die Seeleute der Zaren-Ära: die Nikolaus-Marine-Kathedrale

im 3. Stock eines großen Mietshauses starb. Hier hatte er jahrelang gelebt und sich im Konflikt zwischen dem inbrünstigen Wunsch nach Veränderung (Revolutionsgedicht ›Die Zwölf‹) und der barbarischen Wucht grausamer Wirklichkeit verzehrt. Bilder seiner Freunde, von denen manche wie Majakowskij die Verfolgung durch den Sowjetstaat nicht überlebten, sind noch erhalten, ebenso die Jugendstiltapeten. Auf dem Wolkow-Friedhof steht ein dunkelbrauner Marmorobelisk mit Bloks Lebensdaten [Nr. 118].

73 Nikolaus-Marine-Kathedrale
Nikolskij Sobor

Prachtvolle Barockkirche in schöner Lage an zwei Kanälen.

Rimskogo-Korsakowa Prospekt,
auf der Höhe der Glinki Uliza
Metro: Sennaja Ploschtschad,
Tram 14, 54

Der Reichtum ihrer Fassade, die weltliche Pracht der weißen Säulen und Kapitelle vor dem blauen Hintergrund erinnern an

Rastrellis Palast in Zarskoje Selo. Architekt war Sawa Tschewakinskij, der die Kirche 1753–62 im Quartier der Marinesoldaten und -offiziere baute. Dem Schutzheiligen der Seefahrer gewidmet, leuchtet der Bau festlich mit fünf laternenförmigen Kuppeln und einem goldenen Helm auf dem abseitsstehenden Glockenturm.

Man kann die düstere **Unterkirche** besichtigen, in der die Kerzen vor goldenen Ikonen geheimnisvoll leuchten, sowie die größere, helle **Oberkirche** (über eine Treppe beim Eingang erreichbar), die mit reichem Stuckdekor verziert ist und eine prächtige *Ikonostase* mit Bildern aus dem 18. Jh. enthält. (Die Oberkirche ist im Winter meist geschlossen.)

In der Unterkirche drängen sich auch werktags Gläubige zu Tauf-, Vermählungs- und Totenfeiern, unversehens kann es passieren, dass der Besucher vor einem nach Landesbrauch im offenen Sarg aufgebahrten Toten steht. Feierliche Litanei, Gesang und betende Gläubige nehmen der Szene das Bedrückende.

Von der Einmündung des Krjukow- in den Gribojedow-Kanal [Nr. 35] ist der Blick über das Wasser hinweg auf Glockenturm und Kathedrale besonders stimmungsvoll.

74 Große und Kleine Synagoge
Bolschaja Sinagoga, Malaja Sinagoga

Traditionsstätten des St. Petersburger Judentums.

Lermontowskij Prospekt 2
www.eng.jewishpetersburg.ru
Tram 31, 42

Nur zwei Straßenecken vom Mariinskij-Theater entfernt sind die Große und Kleine Synagoge erhalten, die 1880–93 erbaut wurde, nachdem Zar Alexander II. den Juden das Siedlungsrecht gewährt hatte. Mit einer Kopfbedeckung kann jeder den Gemeinderaum betreten, eine hohe, lichte Halle im ersten Stock mit vergoldetem Schnitzwerk und großen neunarmigen Leuchtern. *Führungen* (Tel. 812/740 19 52) werden angeboten.

75 Dostojewskij-Erinnerungen

In diesem Viertel lebte Fjodor Dostojewskij, als er seinen Roman ›Schuld und Sühne‹ vorbereitete.

Kasnatschejskaja Uliza und Graschdanskaja Uliza
Metro: Sennaja Ploschtschad

Hält man sich vom Mariinskij-Theater östlich, erreicht man den Gribojedow-Kanal in der Nähe der schönen **Löwenbrücke** (Lwinij Most). Ähnlich wie die Bankbrücke in der Innenstadt ist sie von Georges Traitteur als Hängebrücke konstruiert worden mit reizvollen sphinxartigen Schmucklöwen. Dem Kanal noch weiter östlich folgend, kommt man in das Viertel, in dem Fjodor Dostojewskij nach der Rückkehr aus seiner Verbannung nach Sibirien in den 1860er-Jahren lebte: **Raskolnikow-Land**. In Straßen wie der *Kasnatschejskaja* und *Graschdanskaja Uliza* gibt es noch Höfe, die sich kaum verändert zu haben scheinen. In der *Kasnatschejskaja 1* war das Redaktionsbüro der Zeitschriften ›Wremja‹ (Die Zeit) und ›Epocha‹ (Die Epoche), die Dostojewskij mit herausgab. In derselben Straße bewohnte er mehrere Wohnungen (u. a. Nr. 1).

76 Heumarkt
Sennaja Ploschtschad

Einst berüchtigt, heute repräsentatives Vorzeigeobjekt.

Metro: Sennaja Ploschtschad

Die u. a. von Dostojewskij wirklichkeitsnah geschilderte Verelendung und Kriminalisierung des Heumarkts im 19. Jh. ist längst historisch. Nach dem Abriss einer Kirche noch in der kommunistischen Ära wurden ein Knotenpunkt der Metro eingerichtet und die **Markthallen** nach alten Bauplänen und Fotografien wieder hergerichtet. Zu Sowjetzeiten hieß der ›Platz des Friedens‹. Seit 2003 ziert ihn der 17 m hohe, gläserne Friedensturm, in dem auf 50 Sprachen das Wort Frieden angebracht ist.

Der Friedensturm auf dem Heumarkt stammt von dem Künstler Jean-Michel Wilmotte

Auf der Wassiljewskij-Insel – Museen, Paläste, Sphinxen

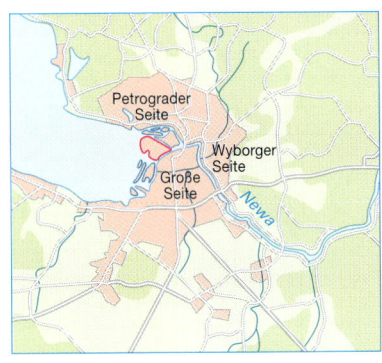

Die größte Insel im Newa-Delta ist Wassilewskij Ostrow. Ihre Uferbebauung gegenüber dem Winterpalast und der Admiralität gehört zu den ältesten Teilen der Stadt. 1717 wollte Peter der Große hier das Zentrum seiner Hauptstadt entstehen lassen. Der Zar nahm daher die Schenkung zurück, mit der er die Insel 1707 seinem besten Freund, dem Fürsten Menschikow, übertragen hatte.

Mit enormem Tempo wurde die Wassiljewskij-Insel von ihrer Ostspitze her erschlossen. Das Straßennetz ist noch wie damals: Drei parallele Prospekte von Südwesten nach Nordosten (Bolschoj, Srednij und Malij) werden von 25 ›Linien‹ rechtwinklig gekreuzt. Diese ›Linien‹ hatte sich Peter der Große, der ein künstliches Amsterdam oder Venedig schaffen wollte, als Kanäle vorgestellt. Heute noch weist jede Straßenseite eine andere Liniennummer auf, als ob in der Mitte ein nicht überquerbares Wasser flösse. Nur allmählich wurde die Wassiljewskij-Insel in das Verkehrsnetz der Großen Seite mit Brücken eingebunden, erst 1912–16 entstand die **Schlossbrücke** als letzte der großen Newa-Brücken.

Die Bauten am Newa-Ufer der Wassiljewskij-Insel stehen denen der Großen Seite an Schönheit nicht nach und man sollte sich die Aussicht vom Universitätskai und der Strelka auf den Winterpalast nicht entgehen lassen. Außerdem sind hier einige **hochinteressante Museen** zu besichtigen. Vor allem das *Museum für Anthropologie und Ethnografie mit Kunstkammer Peters des Großen* fasziniert mit seinen naturhistorischen Merkwürdigkeiten noch heute.

77 Strelka

 Wasserumgebener schönster Uferplatz von St. Petersburg.

Nordöstliches Ende des Universitätskais, Birschewaja Ploschtschad (Börsenplatz)
Metro: Newskij Prospekt,
Bus 7, O-Bus 1, 7, 10

Hier teilt sich der Fluss in die Große und die Kleine Newa. Strelka bedeutet ›Pfeilspitze‹, übertragen auch ›Landzunge‹. An ihrem äußersten Ende stehen seit 1810 zwei 30 m hohe **Rostrasäulen**, rotbraun und nach den Schiffsschnäbeln (lateinisch rostrum) genannt, mit denen sie verziert sind. Thomas de Thomon hat sie ursprünglich als Leuchttürme entworfen, auf denen Ölflammen brannten. Seit 1957 sind sie an Feiertagen mit Gas erleuchtet. Die Leuchtfeuer wiesen bis etwa zur Mitte der 1950er-Jahre den Schiffen den Weg in den Handelshafen an der Strelka, der erst danach zur Gutujewskij-Insel im Südwesten verlegt wurde.

Die Strelka ist heute ein beschaulicher Platz, mit Bäumen, Blumenbeeten und Rampen, die zur Newa hinunter führen. Hochzeitspaare lassen sich hier gerne ablichten. Zu Füßen der großen *Plastiken* an den Säulen (sie stellen allegorisch die Flüsse Russlands dar: Newa, Wolga, Dnjepr, Wolchow) sitzen Spaziergänger und sehen zur goldenen Turmnadel der Peter-und-Paul-Kathedrale hinüber oder zum Winterpalast. Am schönsten ist die Aussicht, wenn zarter Dunst aufsteigt und der Palast über den Wassern zu schweben scheint.

Mit Schiffsschnäbeln geschmückt: die Rostrasäulen, ursprünglich einmal Leuchttürme

78 Börse/Zentralmuseum der Kriegsmarine

Birscha/Zentralnij Woenno-Morskoj Musej

Wie Russland die Meere eroberte.

Birschewaja Ploschtschad 4
Tel. 812/328 27 01
www.museum.navy.ru
Mi–So 11–18, Kasse bis 17.15 Uhr
Metro: Newskij Prospekt,
Bus 7, O-Bus 1, 7, 10

Wie ein griechischer Tempel mit weißen Säulen mutet die ehem. **Börse** an, ein Werk Thomas de Thomons aus den Jahren 1805–10, prächtig und platzbeherr-schend. Hier rollten Rubel und andere Währungen als Investitionen für russische Eisenbahnen und Industrien im 19. Jh. Nach 1917 schloss der Tempel des Kapitals seine Pforten. Seit 1940 zeigt hier das **Zentralmuseum der Kriegsmarine** Schiffsmodelle, Zeugnisse heldenhafter Seefahrt auf allen Meeren und auch das kleine Boot, in dem Peter der Große segeln lernte: den ›Urahn der russischen Flotte‹. Historische Dokumente bezeugen, dass der Gründer St. Petersburgs binnen 20 Jahre den Anteil der Flotte an Militärausgaben von 5 auf 30 % steigerte. Mitsamt den Archiv- und Magazinbeständen verfügt das Museum über rund 600 000 Objekte.

79 Zoologisches Museum
Zoologitscheskij Musej

Museale Tierschau – auch bei Kindern beliebt.
Universitetskaja Nabereschnaja 1
Tel. 812/328 01 12
www.zin.ru
Sa–Do 11–18, Kasse bis 17 Uhr
O-Bus 1, 7, 10, Bus 7

Als Lagerhäuser des Hafens wurden 1826–32 links und rechts der ehem. Börse zwei Packhäuser gebaut (Architekt: J. Lukini). Das linke beherbergt das **Zoologische Museum**. Hier kann man ein ausgestopftes Mammut aus der Eiszeit besichtigen, das 1901 in Sibirien entdeckt wurde. Zahlreiche Dioramen und Tierpräparate geben einen faszinierenden Einblick in die vielfältige Welt der Tiere.

Am Ufer der Kleinen Newa schließt sich das im Stil des russischen Klassizismus gestaltete Zollhaus an (1829–32, Architekt: J. Lukini), das seit 1927 als ›Puschkin-Haus‹ das **Institut für Russische Literatur** (Nabereschnaja Makarowa 4, Tel. 812/328 19 01, www.pushkinskijdom.ru) beherbergt. Hier kann man kostbare Autogramme, Briefe und Erstdrucke russischer Dichter besichtigen.

Oben: *Ein großartiges Flusspanorama: Blick auf die Wassiljewski-Insel von Süden*
Unten: *Das Museum für Anthropologie und Ethnografie mit Kunstkammer*

80 Museum für Anthropologie und Ethnografie mit Kunstkammer

Musej Antropologii i Etnografii/Kunstkamera

Weitläufiges Völkerkundemuseum mit der Raritätensammlung Peters des Großen und den wissenschaftlichen Instrumenten Lomonossows.

Universitetskaja Nabereschnaja 3
Tel. 812/328 14 12
www.kunstkamera.ru
Di–So 11–17 Uhr, am letzten Dienstag im Monat geschlossen
Metro: Wassileostrowskaja,
O-Bus 1, 7, 10, Bus 7

Peter der Große hatte auf seinen Reisen durch Westeuropa viele Sammlungen und Galerien kennengelernt. Als naturwissenschaftlich wissbegieriger Mensch legte er selbst u. a. eine **anatomische Sammlung** an, die sich am Abnormen orientierte und also ›Monstren und Raritäten‹ enthielt.

Zusammen mit Kostbarkeiten aus fernen Ländern stellte der Zar diese Sammlung in einem eigens errichteten Gebäude am Ufer der Großen Newa aus (erbaut 1718–34 von G. J. Mattarnowi und N. Härbel im Stil des frühen Barock). Die merkwürdig-gruseligen Exponate, etwa die Föten siamesischer Zwillinge oder eines Kalbs mit zwei Köpfen in Spiritus, werden noch heute bestaunt. Die Sammlung ist seit dem 18. Jh. um **Ethnografisches** erheblich erweitert worden.

Heute befinden sich in der ersten Etage Exponate zu Afrika, Japan und Nordamerika. Im zweiten Stock sind Ausstellungen zum Nahen und Fernen Osten, zu China und Indochina sowie zu Indien und Indonesien untergebracht. Hier trifft man auch auf die unheimlichen Objekte der anatomischen Sammlung.

Schließlich erreicht man im dritten Stock die Räume, in denen das Wirken **Michail Lomonossows** (1711–1765), des bedeutenden Universalwissenschaftlers und Naturphilosophen, mit seinen berühmten Instrumenten dokumentiert ist. Ein einzigartiges Ausstellungsstück stellt der riesige *Gottorper Globus* dar, ei-

Der originale Gottorper Globus von 1644 wurde beim Brand der Kunstkammer 1747 zerstört. Die Kopie stammt aus dem Jahr 1752

ne Kugel von 310 cm Durchmesser. Der Globus, ein Geschenk für Peter den Großen, gibt ein gutes Bild von den Geografiekenntnissen der Zeit, ist aber obendrein hohl und als astronomische Arbeitsstätte nutzbar. Auf die Innenwand wurde nämlich ein Himmelsglobus graviert. So konnte Lomonossow, der einen Tisch in die Kugel stellen ließ, die Sternbilder betrachten.

Peter der Große hat seine Sammlungen öffentlich zugänglich gemacht und seine Untertanen sogar mit der Gratisgabe eines Gläschens Wodka und eines Stücks Brot ins Museum gelockt. Heute ist dies unnötig: Das Museum wird vom Petersburger Publikum in Scharen besucht.

81 Akademie der Wissenschaften
Akademija Nauk

Klassizistisches Gebäude mit einem Mosaik von Lomonossow.

Universitetskaja Nabereschnaja 5
O-Bus 10, Bus 7

Wie so vieles in dieser Stadt verdankt auch die Akademie der Wissenschaften ihre Gründung im Januar 1724 Peter dem Großen, der deswegen mit dem deutschen Philosophen Leibniz Verbindung aufnahm. Der Bau wurde jedoch erst in den Jahren 1783–89 nach Plänen von Quarenghi realisiert. Kurz davor, 1782, hat-

te Katharina die Große die intelligente und zuverlässige **Fürstin Jekaterina Daschkowa** (1743–1810) zur Präsidentin der Akademie berufen, damals eine unerhörte Aufgabe für eine Frau. Die Fürstin hatte schon 20 Jahre zuvor der Zarin nahe gestanden und sie beim Ritt nach Peterhof zum Sturz Peters III. begleitet. Ihre ›Erinnerungen‹ gehören zu den wichtigsten Memoiren aus der Zeit Katharinas der Großen. 1934 wurde der Hauptsitz der Akademie der Wissenschaften nach Moskau verlegt.

Das Quarenghi-Gebäude steht nicht für Besichtigungen offen, Interessierte können jedoch im Treppenhaus das *Mosaik* der ›Schlacht von Poltawa‹ anschauen, das Lomonossow gestaltet hat. Es war die wichtigste Schlacht des Großen Nordischen Krieges zwischen Russland unter Peter dem Großen und Schweden unter Karl XII. Sie war der Wendepunkt des Krieges zugunsten der Russen.

82 Die Zwölf Kollegien
Dwenadzat Kollegij

Barocke Behördenzeile, heute Hauptgebäude der Universität.

Universitetskaja Nabereschnaja 7/
Mendeleewskaja Linija
Metro: Newskij Prospekt, Bus 7

Peter der Große war auch ein Reformer der Verwaltung und er zögerte nicht, vom schwedischen Gegner moderne Muster zu übernehmen. Zwölf verschiedene **Behörden** sollten seiner Regierung zur Verfügung stehen, jede autonom und alle gleichwertig. Daher wurde eine 400 m lange Hauszeile mit zwölf Eingängen und gleichen Fassaden geplant. Peters Baumeister Domenico Trezzini hatte den Plan geliefert. Eine typische Fürst-Menschikow-Anekdote erzählt, der Bau sei in Peters Abwesenheit hochgezogen worden, und zwar auf Weisung des Fürsten Menschikow landeinwärts mit der Schmalseite zum Ufer, damit das Ufergrundstück für den Palast des Fürsten breiter ausfiel. Dafür soll Menschikow dann vom erbosten Zaren höchstselbst eine Ohrfeige bekommen haben.

Die rotbraunen **Fassaden** werden prächtig gegliedert und aufgehellt vor geschwungenen Giebeln, weißen Fensterumrahmungen, Simsen und Pilastern. Die lange Gebäudeflucht wird jeweils in der Mittelachse von einem Risalit durchbrochen.

Nach der Einführung von Ministerien im 19. Jh., die mehr Platz brauchten und deshalb auf die Große Seite umzogen, überließ man die Kollegienhäuser ab 1819 der **Universität** von St. Petersburg. 1834 wurde auf der westlichen Seite am Newaufer das Rektorenhaus dazugebaut, in dem später der Symbolist Alexander Blok, Enkel des Rektors, seine Kindheit verbrachte.

Dmitrij Mendelejew erarbeitete 1869 das Periodensystem der chemischen Elemente. Ein kleines Museum im **Mendele-jew-Haus** (Universitetskaja Nabereschnaja 7/8, Tel. 812/218 97 44, www.spbu.ru, Besichtigung nur nach Anmeldung) zeigt seine Instrumente und Erinnerungsstücke.

83 Menschikow-Palais
Menschikowskij Dworez

Palast des Freundes Peters des Großen/Museum der russischen Kultur im ersten Drittel des 18. Jh.

Universitetskaja Nabereschnaja 15
Tel. 812/323 11 12
www.hermitagemuseum.org
Di–Sa 10.30–18, So 10.30–17 Uhr, Kasse bis 1 Stunde vor Schließung geöffnet
Metro: Wassileostrowskaja, Bus 7, O-Bus 10

Alexander Menschikow (1663–1729) war als Kind Pastetenverkäufer, dann Militär-Spielgefährte Peters in Moskau, später auf allen Feldzügen an seiner Seite. Witzig, schlau, gierig und korrupt, wurde er erster Gouverneur von St. Petersburg, Generalfeldmarschall, Schlossherr von Oranienbaum, nach Peters Tod Regent an der Seite Katharinas I., 1727 schließlich enteignet, degradiert und nach Sibirien verbannt.

1710, auf der Höhe seiner Macht, ließ Menschikow sich von Giovanni Maria Fontana und Gottfried Schädel einen **Palast** bauen. Es war der erste große Palast in der Stadt, selbst der Zar empfing hier Staatsgäste, solange das Winterpalais

Fürstliche Schlafstätte im Palais des Alexander Menschikow (erbaut 1710–20)

noch im Bau war. Damals war die Fassade prächtiger geschmückt, barocke Gartenanlagen breiteten sich hinter dem Gebäude aus. Dieses wirkte auch höher und großartiger als heute, denn das Basisgeschoss ist durch die wiederholten Aufschüttungen des Bodens tief unter das Straßenniveau geraten. Nach der Enteignung und Verbannung des Fürsten machte man den Palast zum *Quartier des Ersten Kadettenkorps*. Der Umbau und das raue Treiben der jungen Militärs setzten dem Palast lange zu; was heute wieder ansehnlich ist, musste mit Sorgfalt restauriert werden. Des kostbaren Parketts wegen – es gehört zu den schönsten in ganz St. Petersburg – sind bei Besuchen Filzgaloschen obligatorisch.

Die **fürstlichen Wohnräume** liegen im 1. Stock, im Untergeschoss ist bei den Räumen der Dienerschaft auch die **Küche** zu besichtigen. Zwei Zimmer im 1. Stock, der Arbeits- und der Schlafraum, sind mit wunderschönen holländischen Kacheln geschmückt. Möbel in holländischem Stil, doch in Russland gearbeitet, und russische Gobelins zeigen die damals westlich orientierte Entwicklung des Kunsthandwerks in St. Petersburg.

Zu den Exponaten gehören auch edles Email, chinesische Lackschnitzereien und Porzellane sowie eine Kollektion kostbarster Schnupftabakdosen. Denn im Palais ist als Abteilung des Staatlichen Eremitage-Museums das **Museum der russischen Kultur im ersten Drittel des 18. Jh.** untergebracht, also der Zeit Peters des Großen. So hat der Zar doch noch den Palast seines Freundes bezogen.

84 Akademie der Künste
Akademija Chudoschestw

In der Akademie wurde seit dem 18. Jh. mit den Traditionen des alten Russland gebrochen.

Universitetskaja Nabereschnaja 17
Tel. 812/323 64 96
www.mrah.ru
Mi–So 11–18 Uhr
Metro: Wassileostrowskaja, Bus 7

Iwan Schuwalow, Günstling Elisabeths und einer der ersten großen russischen Kunstsammler, hatte 1757 die Zarin zur Gründung der **Akademie** angeregt, der er später seine Gemälde vermachte. Aber erst Katharina die Große ließ das Gebäude errichten. 1764–71 entstand nach Plänen von Jean Baptiste Vallin de la Mothe

und Alexander Kokorinow der Rohbau der stattlichen Anlage um einen großzügigen runden Mittelhof, nach 1780 vollendete Jurij Veldten den Bau. Der Mittelteil der Newa-Fassade ist mit den Statuen von Herkules und Flora noch stark barock geprägt, die Seitenteile und die Gartenfassade sind überwiegend klassizistisch.

Auf der Akademie befreiten sich Russlands Künstler von den starren mittelalterlichen Regeln und fanden zu westlichen Ausdrucksformen. Architekten wie Starow, Woronichin, Sacharow, Maler wie Iwanow, Brüllow, Brodskij und Repin, Bildhauer wie Clodt von Jürgensburg und Anikuschin haben hier studiert. Nach der Mitte des 19. Jh. verfestigte sich der Akademiestil jedoch wieder so eng, dass Künstler mit freier Auffassung ausbrachen (sog. Wanderer, Peredwischnikij). Heute heißt die Hochschule nach dem prominentesten der Peredwischnikij, Ilja Repin [s. a. Nr. 97].

Als **Museum** ist das historische Akademiegebäude auch öffentlich zugänglich. Außer Werken der Akademiemitglieder selbst werden Sonderausstellungen gezeigt, auch von ausländischen Künstlern.

Zu den ältesten Kunstwerken St. Petersburgs gehören die beiden ägyptischen **Sphinxe** am Newa-Ufer vor der Akademie. 1832–34 wurde die Granitterrasse für die dreieinhalb Meter großen, vom Zaren in Alexandria erworbenen Fabelwesen errichtet. Wahrscheinlich stammen sie aus dem 14. Jh. v. Chr.

85 Smolensker Friedhof
Smolenskoje Kladbitsche

Eine grüne Oase mit Erinnerungen an deutsche St. Petersburger.

Malij Prospekt
Metro: Primorskaja, Bus 47

Im Westen der dicht bebauten Wassiljewskij-Insel kann man einen der älteren **Friedhöfe** St. Petersburgs besuchen, eine große grüne Oase, die von Neubauten umstellt ist. Dort stehen seit dem 18. Jh. die Smolensker Kirche und benachbart eine kleine blaue Kirche, in der die selig gesprochene Kssenija beigesetzt ist, eine bis heute hochverehrte Wohltäterin der Kranken. Die größtenteils überwachsenen Gräber des armenischen und des deutschen Friedhofs sind zum Teil noch erkennbar. Vor 1914 lebten allein auf der Wassiljewskij-Insel rund 24 000 Deutsche.

Peterhof, Oranienbaum und Kronstadt – die Zarenpaläste am Finnischen Meerbusen

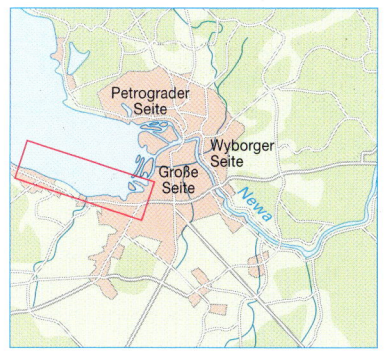

Seit an der Ostseeküste **Monplaisir**, das Lustschloss Peters des Großen, und die Schlösser seiner Nachfolgerinnen und Nachfolger wieder aufgebaut wurden, ist **Peterhof** ein Höhepunkt jedes St.-Petersburg-Besuches. An der Restaurierung von **Schloss Oranienbaum**, das sich Fürst Menschikow, ein Freund Peters des Großen, bauen ließ, wird noch gearbeitet. Wunderschön zu jeder Jahreszeit ist der **Oranienbaum-Park** mit seinen kleinen Palästen.

86 Narwa-Triumphtor
Narwskije triumfalnije Worota

Siegestor von 1814.

Statschek Ploschtschad
Metro: Narwskaja

Wenn man den Petergofskij Prospekt (= Peterhof-Avenue) stadtauswärts fährt,

kommt man zum Platz des Streiks. In dieser Gegend waren schon Anfang des 19. Jh. Kanonenkugeln für den Abwehrkrieg gegen Napoleon gegossen und die ersten großen Industriebetriebe der Stadt gegründet worden. 1814 ließ man den siegreich aus Frankreich heimkehrenden Truppen von Giacomo Quarenghi ein hölzernes **Triumphtor** errichten.

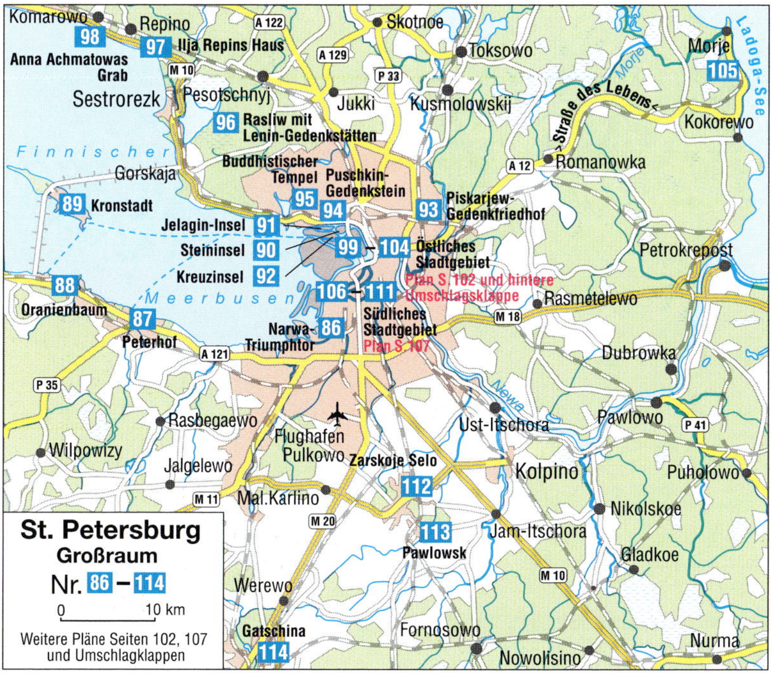

Es wurde 1831 in Stein nachgebildet und mit Kupferplatten verkleidet. Geschmückt mit Bildern altrussischer Krieger, gekrönt von einem Sechsergespann mit Siegesgöttin (die Bildhauer Stepan Pimenow, Wassilij Demut-Malinowskij und Peter Clodt von Jürgensburg waren beteiligt), erinnert das Tor auch an die Erleichterung über das Ende des Krieges.

Als der **Industriekonzern** des Nikolaj Putilow, St. Petersburger Waffenschmied von Krupp-Format, nach der Oktoberrevolution verstaatlicht wurde, hießen die Fabriken ›Rote Putilow-Werke‹, wurden aber später auf den Namen Kirow umgetauft. Die Kirow-Werke blieben bis in die Perestroika-Ära an der Spitze des technisch-industriellen Fortschritts im Zeichen der Hochrüstung. Heute produziert es Maschinen. Das Denkmal des Revolutionärs, Stalin-Freundes und wahrscheinlich auch Stalin-Opfers Sergej M. Kirow (1886–1934) wurde südlich vom Narwa-Siegestor aufgestellt.

Eine der beiden Römischen Fontänen von Peterhof

87 Peterhof

Plan Seite 83, 86/87

Petergof

Eine der schönsten Schlossanlagen Europas: Peterhof, gesehen vom Oberen Garten

Opulenter Komplex kaiserlicher Paläste vor den Toren St. Petersburgs, berühmt für seine Fontänen und Kaskaden.

Ca. 30 km westlich der Stadt am Finnischen Meerbusen gelegen. www.peterhof.org
Mit dem Zug vom Baltijskaja-Bahnhof bis Nowij Petergof, dann weiter mit den Bussen 350–352 oder 356. Im Sommer fahren von der Metrostation Awtowo die Shuttlebusse 300 und 424 und Boote ab Winterpalast (Fahrzeit 30 Min.)

Schon 1704 ließ Peter der Große hier ein Holzhaus errichten, da ihm der Platz gefiel und er auf dem Landweg nach Kronstadt rasten wollte. Dann begann, nach Entwürfen, an denen der Zar selbst entscheidend mitwirkte, in rascher Folge der Bau von Schloss Monplaisir, die Anlage der Parks und der fast zahllosen Fontänen, der Bau eines großen Schlosses und mehrerer kleiner Schlösser.

Als Architekten waren Johann Braunstein, Jean Baptiste Leblond, Nicolo Michetti sowie Vater und Sohn Rastrelli, wahrscheinlich auch Andreas Schlüter in Peterhof tätig – unter ihnen der Le-Nôtre-Schüler Leblond als der wohl am stärksten prägende. Peter der Große hatte ihn in Paris kennengelernt und als Nachfolger Schlüters verpflichtet. Leblond, der »als Gartenarchitekt vielleicht noch brillanter war denn als Baumeister«, habe Pe-

terhof »von Anfang an mehr den Charakter verliehen, ein Park mit Palast und Pavillons zu sein und nicht etwa ein Palast mit Park«, schrieb Audrey Kennett in ihrem Buch über ›Die Paläste von Leningrad‹ (München, 1974). Wer zur hellen Jahreszeit und an einem schönen Tag nach Peterhof kommt, wird dieses festliche, von Fontänen durchsilberte Parkgrün erleben. Gelb und weiß stehen die Schlossfassaden über dem Baum- und Rasengrün, mit goldenen Kuppeln, mit Andreaskreuz und Doppeladler. Das Meer ist ganz nahe und lässt über der weiten Fläche des Finnischen Meerbusens die Silhouette St. Petersburgs sehen.

Bei der Anfahrt von St. Petersburg sieht man übrigens beim Ort Strelna den von Wladimir Putin als Meeresresidenz 2003 wieder aufgebauten **Konstantin-Palast** (Tel. 812/435 53 60, www.konstantinpalace.ru, Besichtigung auf Anfrage) samt Gäste- und Konferenzgebäuden sowie einer aufgeschütteten Insel.

Im Zweiten Weltkrieg war Peterhof Frontgebiet. Alle Gebäude wurden schwer beschädigt oder vollständig zerstört, mitsamt den Inneneinrichtungen, soweit sie nicht ausgelagert waren. Eine Fotoausstellung im großen Palast dokumentiert die Zerstörung. Mit ungeheurer Energie, mit Sachverstand und Liebe haben russische Restaurateure die Schloss- und Parkanlage nach historischen Bilddokumenten wieder hergestellt. Nach der Befreiung 1944 wurde der deutsche Name ›Peterhof‹ in ›Petrodworez‹ geändert, seit 1992 heißen Ort und Schloss aber wieder Peterhof (Petergof).

Großer Palast ❶

Bolschoj Dworez
Tel. 812/450 65 27
Di–So 11–18, Kasse bis 17 Uhr, am letzten Dienstag im Monat geschlossen

Die Natur schenkte Peter dem Großen einen Bauplatz nach Wunsch. Dank der etwa 16–20 m hohen, steilen Bodenschwelle in Sichtweite des Meeres konnte der **Große Palast** in das ausgeklügelte Konzept von Wasserspielen und Kanälen eingebunden werden, das den Zaren seit seinem Besuch in Versailles faszinierte.

Der heute 275 m lange, gelb-weiße Palast wurde im Kern seit 1714 von Jean Baptiste Leblond und nach dessen frühen Tod surch Cholera von Johann Friedrich Braunstein erbaut. Seine imperialen Dimensionen erhielt er aber erst unter Zarin Elisabeth, die ihn von Bartolomeo Rastrelli (Sohn) aufstocken und mit Seitenflügeln erweitern ließ (1746–54). Galerien führen vom Haupthaus zur Palastkapelle im Osten und zum Wappenpavillon im Westen. Beide sind mit Glocken-

dächern und vergoldeten Zwiebelkuppeln geschmückt.

Aus der Zeit Peters des Großen blieb nur das **Eichenkabinett** erhalten, in dem sich damals das Arbeitszimmer des Zaren befand. Von den u. a. mit seemännischen und militärischen Motiven in reicher Schnitzerei geschmückten Paneelen sind acht noch original.

Höhepunkte der Führungen durch die Repräsentationsräume und die kaiserliche Suite sind zunächst der **blaue Empfangsraum** mit seinen Seidentapeten, der **Tschesme-Saal** mit Darstellungen der Seeschlacht vor der türkischen Küste 1770, gemalt von Philipp Hackert, der **Tanzsaal** (Rastrelli) sowie der **Thronsaal**, für Empfänge und Bälle von Jurij Veldten in einem Türkis-und-Weiß-Wanddesign und mit scharlachroten Vorhängen ausgestattet. Blickfang ist das lebensgroße Porträt Katharinas II., es zeigt die Zarin hoch zu Ross in der Uniform des Preobraschenskij-Regiments, wie sie am Abend ihrer Thron-Usurpation triumphal in St. Petersburg einreitet (ein Offizier, heißt es, hatte ihr seinen Uniformrock gegeben). Beeindruckend sind auch der **Weiße Speisesaal** mit dem kaiserlichen Wegdwood-Service und der ›**Saal der Mode und Grazie**‹, auch ›Rotari-Saal‹ genannt,

Im ›Saal der Mode und Grazie‹ des Großen Palastes: Hunderte von anmutigen Porträts

mit 368 Bildern von Frauen und Mädchen in Trachten aus vielen Ländern Europas, gemalt von Pietro Rotari (dem Meister saßen wohl nicht 368 verschiedene Frauen Modell, sondern immer dieselben acht jungen Hofdamen in immer anderen Gewändern). Die **Chinakabinette** westlich und östlich des Rotari-Saals ließ sich Katharina II. von Jurij Veldten einrichten – vor fast keinem europäischen Palast machte die Chinoiserie-Mode halt, und hier hinterließ sie prächtigste Lackarbeiten. Der **Rebhuhn-Salon** hat seinen Namen nach dem Muster aus Rebhühnern, Ähren und

Peterhof

0   250 m

Ostsee

St. Petersburg

Pyramiden-
fontäne

8 Alexandra-Park

11 neugotische
Kapelle

10 Farm-Pavillon

9 Ruinen-
brücke

7 Cottage-
Palais

St. Petersburg

Krasnij Prospekt

Bahnhof

Wie hier an der Großen Kaskade schmücken den Peterhof-Park allerorten prächtige antikisierende Statuen

Blumengirlanden der seidenen Wandbespannungen, Vorhänge und Möbelpolster. Das ehemalige, von Rastrelli entworfene kaiserliche Schlafzimmer wurde von Veldten geteilt in den **Kronraum** (zur Aufbewahrung der Zarenkrone, wenn sie nach Peterhof mitgeführt wurde) und das **Diwanzimmer**, mit breitem osmanischem Diwan und chinesischen Seidentapeten. Beide Räume haben einen Alkoven, in einem steht noch ein goldenes Bett. Im Erdgeschoss finden Wechselausstellungen statt.

Park und Wasserkünste
Park i Fontany
Fontänen Mitte Mai–Mitte Okt. tgl. 11–17 Uhr

Die Sehenswürdigkeiten, an denen der Park so reich ist, kann man beschreiben, kaum aber das bis ins Innerste heitere Gefühl, das im Zusammenwirken von Kunst, spielerischer Fantasie und Natur den Besucher bis heute hier überkommt. Falls ihm nicht wie Katharina der Großen die Künstlichkeit eines Parks aus dem 18. Jh. zuwider ist: »Ich hasse Brunnen«, schrieb die Zarin dem verehrten Voltaire, »die dem Wasser Gewalt antun und es zu einem Lauf zwingen, der seiner Natur nicht entspricht.«

Das Gelände ist sehr ausgedehnt, immer ufernah, 1200 ha groß. Die rund **150**

Fontänen sind hauptsächlich auf den Großen Palast hin orientiert. Außer der **Großen Kaskade** sind drei weitere – die **Schachbrett-**, die ›**Goldener Berg**‹ und die prachtvolle **Löwen-Kaskade** – zu bewundern.

Oberer Garten (Werchnij Sad) wie Unterer Park (Nischnij Park, beidseits des Kanals, der zum Meer hinführt) sind mit vielen Entsprechungen, oft symmetrisch, gestaltet und gehen zum Teil auf Entwürfe Peters des Großen zurück.

Anders als in Sanssouci, wo ein halbes Jahrhundert später der Preußenkönig trotz allen Aufwandes für Pumpwerke keine Freude an seinen Wasserkünsten hatte, sprudeln in Peterhof die Fontänen aus scheinbar unbegrenztem Vorrat. Schon zu Peters des Großen Zeiten (1720/21) legte der Ingenieur Wassilij Tuwolkow die von den 20 km entfernten Ropscha-Höhen aus gespeisten Speicherbecken so geschickt an, dass das Wasser durch natürliches Gefälle, ohne andere Energie, zum Springen gebracht wird. Bis ins 19. Jh. hinein wurden immer weitere Brunnenanlagen geschaffen.

Im **Oberen Garten** ➋, der nach französischem Muster in exakter Geometrie angelegt ist, schmücken die zentrale *Neptun-Fontäne* 40 Figuren, die schon Mitte des 17. Jh. in Nürnberg gegossen wurden. Da man dort keine Möglichkeit hatte, die für einen so großen Brunnen nötigen Wassermengen heranzuleiten, verschwanden sie bis 1782 im Depot und wurden dann nach Russland verkauft. Im Zweiten Weltkrieg nach Deutschland verschleppt, konnten sie nach Kriegsende zurückgeführt werden.

Auch die *Große Kaskade*, die Hauptattraktion Peterhofs, ist wieder mit sprudelndem, rauschendem Leben erfüllt. Von der Schlosshöhe herab fällt das Wasser über drei Treppen in das Marmorbecken mit der golden strahlenden Samsonfigur und strömt von dort durch den skulpturengesäumten Kanal zum Meer. 64 Fontänen und Hunderte von vergoldeten Skulpturen sind Teil der Kaskaden-Architektur. »Peterhof scheint aus dem Schaum des Meeres geboren«, schrieb der aus französischer Familie stammende Maler Alexandre Benois, der in St. Petersburg zu Hause war, »Peterhof ist eine Residenz des Meergottes. Die Fontänen in Peterhof sind nicht Nebensache, sie sind der Kern des Ganzen, sein eigentliches Wesen. Sie symbolisieren das Reich des Meeres, mit den Myriaden der Tropfen, die das Meer am Ufer von Peterhof aufstieben lässt.«

Noch ein Zweites, nämlich die Sieger-Rolle des Zaren, wird in Peterhof symbolisiert, auch in der berühmtesten Figur, dem *vergoldeten Samson*. Der biblische Held reißt dem Löwen den Rachen auf, aus dem der Wasserstrahl aufsteigt, 20 m hoch. Die Figur, zur Erinnerung an den Sieg bei Poltawa gegossen, stammt ursprünglich von Carlo Rastrelli und war aus Blei. Anfang des 19. Jh. wurde sie durch eine Bronze von M. Koslowskij ersetzt.

An den Kreuzungspunkten im **Unteren Park ③** finden sich östlich vom Kanal die *Adam-*, westlich die *Eva-Fontäne*. Wahre Wasserkunstwerke sind die *Pyramiden-*, die *Sonnen-* und verschiedene *Scherz-Fontänen* (die den ahnungslosen Besucher bespritzen) im östlichen Teil. Nahe der

Aus Löwenrachen stürzt das Wasser über Treppen hinab zur Ostsee: ›Goldener Berg‹

Das zauberhafte Schlösschen Marly wurde im französischen Stil errichtet

Samson-Fontäne erfreut die *Favoritka-Fontäne*: Begleitet von täuschend echtem Geschnatter jagt ein künstliches Hündchen künstliche Enten, durch Wasserkraft getrieben, unablässig im Kreis herum. Von der Höhe fällt östlich des Schlosses die *Schachbrett-Kaskade*, von bunten Drachen bewacht. Man denkt an Plastik und Disney, aber sie sind aus Holz und schon seit dem 18. Jh. hier.

Schloss Monplaisir ④
Monplesir
Tel. 812/450 61 29
Mai–Okt Di–So 10.30–18, Kasse bis 17 Uhr, am letzten Dienstag im Monat und bei schlechtem Wetter geschlossen

In dem kleinen Lustschloss Monplaisir ist noch viel vom Charakter seines Bauherrn, Peters des Großen, zu erfahren. Backstein, nach holländischem Muster, wie der Zar es liebte, ist das Baumaterial, aufgehellt durch weiße Balustraden der seitlichen Galeriebauten und durch weiße Fenstersprossen. Mit Klinkern wurde die Terrasse zum Meer ausgelegt. Innen finden sich Holztäfelungen, Deckengemälde im Paradesaal und holländische und flämische Bilder – oft Seestücke – in den beiden Galerien.

Elegant ist das **Lackkabinett** (mit Lackmalereien russischer Künstler nach chinesischen Vorbildern), interessant sind die holländischen Kacheln in der Küche, besonders aber die im Arbeitszimmer des Zaren, die verschiedene Schiffstypen zeigen. Chinesisches Porzellan ist im ›**Zimmer des Sekretärs**‹ ausgestellt. Erstaunlich kurz erscheint das Bett des hoch gewachsenen Zaren (2,04 m groß!); man hielt es damals für gesund, halb im Sitzen zu schlafen. Das Schlösschen wirkt wie ein hübsches, helles Landhaus am Meer, aufwendig und gediegen, aber nicht prunkvoll, ganz im Sinne seines ersten Bewohners.

Nach dem Tod Peters des Großen wurde ›Monplaisir‹ samt seiner Einrichtung unverändert erhalten. Doch schätzten sowohl die Zarin Elisabeth wie Katharina die Große den Platz am Meer, und nach 1740 ließ Elisabeth einen Flügel anbauen, der später auch von Katharina benutzt und nach ihr **Katharinenflügel** benannt wurde. Der *Blaue Salon* im Empire-Stil ist ein Werk Giacomo Quarenghis aus den 1780er-Jahren. Deliziöse Kleinigkeiten wie ein Souvenir-Büchlein mit Perlmutt-Einband und Rubinglas-Pokale sowie ein Spazierstock mit Elfenbeingriff erinnern an Katharina die Große. Im *Musikzimmer* werden fünf kostbare Uhren, im Speisesaal wird das prächtige ›Gurjew‹-Porzellanservice in Rot und Gold gezeigt, bei dem jeder Teller mit einem anderen Gemälde geschmückt ist.

Im östlichen **Kaiserlichen Bad-Flügel** sind neben den Bädern auch der Assemblée-Saal und die Küche untergebracht. Die 1722 von J. Braunstein errichteten Holzbäder wurden 1765/66 von Eduard Hahn durch einen steinernen Komplex von mehreren kleinen Räumen mit Badewannen aus Holz, Metall und Marmor ersetzt. Weiter gelangt man zum festlichen **Assemblée-Saal**, dessen eichengetäfelte Wände mit Teppichen behangen sind, die Rastrelli auswählte. Einige sind Kopien französischer *Tenture des Indes*. Interessant ist auch die **Küche** mit vier Öfen – jeweils einen für Fisch, Fleisch, Dessert und Kuchen.

Östlich an den Kaiserlichen Bad-Flügel grenzt ein kleiner chinesischer Garten mit Teich und Muschelfontäne.

Marly und Eremitage
Marli i Ermitasch
Tel. 812/450 77 29
Di–So 11–18, Kasse bis 17 Uhr, am letzten Dienstag im Monat geschlossen

Im westlichen Teil des unteren Parks liegt das zweigeschossige **Schlösschen Marly 5** (1720–24) mit hohem Mansardendach, das Peter der Große von den Architekten Leblond und Braunstein errichten ließ. Der Name ist der eines königlichen Jagdschlosses in Frankreich, das Peter der Große auf seiner Reise kennenlernte. Große Sorgfalt ließ der Zar auf den Kachelschmuck der Küche verwenden – und darauf, dass Küche und Speisesaal einander nahe waren. Peter der Große wollte das Essen heiß serviert haben, der Gewohnheit seiner Zeit entgegen.

Fast zeitgleich mit Marly entstand nordöstlich davon die **Eremitage 6** im Unteren Park (Architekt: Braunstein). Die Eremitage wurde jedoch erst nach dem Tod Peters des Großen vollendet. Mehr Gartenpavillon als Palais, war sie ganz auf kleine Gesellschaften eingerichtet, die mit schönstem Ausblick, aber ohne Diener im Saal des Obergeschosses tafeln wollten. Deshalb konnte der Tisch in die im Untergeschoss eingerichtete Küche versenkt und mit Speis und Trank wieder emporgehoben werden.

Cottage-Palais 7
Dworez Kottedsch
Tel. 812/450 69 53
Ende Mai–Okt. Di–So 11–18, Kasse bis 17 Uhr, am letzten Dienstag im Monat geschlossen

Durchwandert man den weiten Unteren Park auf seinen schnurgeraden Wegen nach Osten, kommt man schließlich an eine Mauer. Einer der wenigen Durchgänge befindet sich auf der Höhe des Lunaparks und der alten Stallungen.

Der Wappenpavillon steht westlich des Großen Pallastes

Dahinter breitet sich ein sehr großer Landschaftspark aus, der **Alexandra-Park** . Er wurde im 19. Jh. angelegt und nach der Gemahlin Zar Nikolaus' I., Alexandra Feodorowna (= Charlotte von Preußen) benannt, die Peterhofs barocke Symmetrie nicht mochte und ein Haus in romantisch überwachsener Lage bevorzugte.

Etwas tiefstapelnd nannte man das 1826–29 von Adam Menelaws erbaute Palais **Cottage**, es ist mehr eine ländliche Villa. Aus Preußen stammte die Zarin, und das Cottage zeigt viele neugotische Stilmerkmale, Treppengiebel, Spitzbögen, Erker, wie sie damals in Preußen auch der Architekt Karl Friedrich Schinkel liebte und in seinen Bauten umsetzte. In den Wohnräumen erinnert manches an die Berliner Herkunft: Kleinkopien Berliner Skulpturen, Landschaftsgemälde der Havel. Man wollte eigentlich mittelalterliche Bescheidenheit in englisch-preußischer Art und konnte dann doch nicht anders, als die Räume aufwendig zu dekorieren und mit ungezählten kleinen Kostbarkeiten – Kästchen, Leuchtern, Porzellan, Glas, Ofen- und Wandschirmen – zu füllen.

Der **Rundgang** führt durch das *Arbeitszimmer* und die *Bibliothek* im *Untergeschoss*. Hier finden sich Spitzbögen sogar an Sesseln und Schränken. Der große *Wohnraum* ist mit kunstreichem Stuck-Deckendekor verziert. In ihm liegt ein riesiger, herrlicher Teppich. Im langen, schmalen *Esszimmer* ist wundervolles Porzellan ausgestellt. Im *Treppenhaus* bildet der erlesen neugotische Dekor zusammen mit den Lampen ein gelungenes Ensemble. Die *oberen Räume* sind kleiner dimensioniert und wirken familiärer. Sie sind als

Unterrichtsraum, Umkleideraum, kleines Arbeits-, Wohn- und Kinderzimmer eingerichtet. Besonders schöne Möbel mit elegant geschwungenen Formen aus hellem Holz findet man im *Arbeitszimmer* im 1. Stock. Eine grandiose Aussicht bietet das See-Zimmer Nikolaus' I.

Die inszenierte Idylle dieses Hauses fand seinerzeit unter massiver Abschirmung und militärischer Bewachung des Geländes statt, denn Nikolaus I. hatte sich durch Sturheit und Unnahbarkeit viele Feinde geschaffen.

In der *Umgebung* stößt man auch auf eine künstlich angelegte **Ruinenbrücke** ❾ , auf einen halb verfallenen herrschaftlichen **Farm-Pavillon** ❿ (Fermerskij Dworez) und auf eine **neugotische Kapelle** ⓫ (1831–33).

Benois-Familienmuseum ⓬
Musej Semij Benua
Tel. 812/450 50 39
Di–So 11–18, Kasse bis 17 Uhr, am letzten Dienstag im Monat geschlossen

Auf dem Rückweg vom Cottage zum Oberen Garten kommt man an den im neugotischen Baustil gehaltenen **Stallungen** vorbei, sie sind das Werk des Architekten Nikolaj Benois, dessen Familie so vielfältig mit dem kulturellen Leben Russlands verbunden war.

Dies wird in einem östlich vom Großen Palast gelegenen Flügelbau dokumentiert, der früher Hofdamen beherbergte. Heute ist hier das **Benois-Familienmuseum** untergebracht. Der Stammvater dieser Künstlerfamilie, zu der auch Peter Ustinov gehört, kam 1794 als Koch aus Frankreich an den Zarenhof.

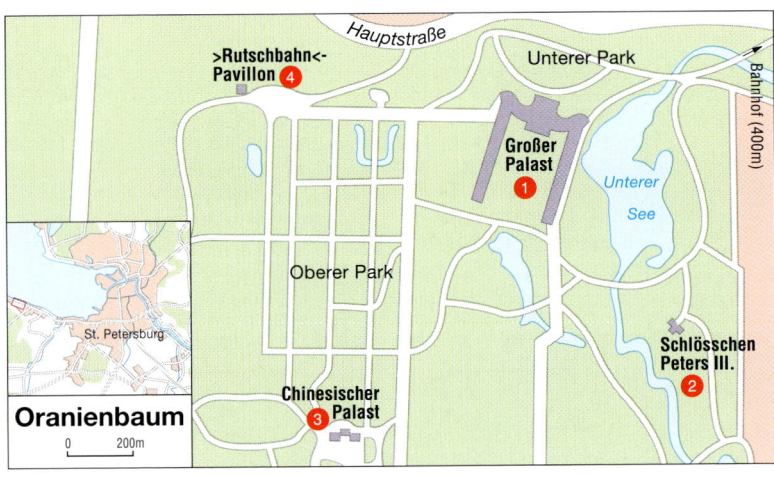

Fürst Menschikow lebte auch in Schloss Oranienbaum üppiger als Peter der Große

Auf dem Weg vom Benois-Museum zur Durchgangsstraße trifft man noch auf das empfehlenswerte kleine Restaurant **Kafe Trapeza** (Tel. 812/450 63 93), die alte **Apotheke** und das **Kräuterdepot**, wo schon zu Zarenzeiten Heilmittel zubereitet wurden.

Peter-und-Paul-Kathedrale ⑬
Petropawlowskij Sobor

An der Durchgangsstraße durch die Stadt Peterhof ragt altrussisch farbig mit fünf Kuppeln die Kathedrale auf, die 1894–1905 von N. Sultanow prächtig erbaut wurde. In der Sowjetära hat man sie ausgeräumt und als Lagerhaus und Kino benutzt. Die einst viel bewunderte Majolika-Ikonostase ging verloren. In den 1970er-Jahren wurde das Äußere restauriert und 1989 hat man die Kathedrale an die orthodoxe Gemeinde zurückgegeben. 1994 wurde sie neu geweiht. Seitdem sind auch die Innenräume – Wandmalereien, Majoliken und Vergoldungen – restauriert worden.

88 Oranienbaum *Plan Seite 83, 92*

Fürst Menschikow wollte Peterhof noch übertreffen – und baute Oranienbaum.

40 km westlich von St. Petersburg am Finnischen Meerbusen gelegen. Tel. 812/422 80 16 (Führungen) www.oranienbaum.org Park tgl. 9–21 Uhr Mit dem Zug vom Baltischen Bahnhof (Baltiskij Woksal) zu erreichen.

Peters des Großen nächster Kumpan, Günstling, Schachpartner, der Fürst, der von der Straße stammte, Trinker und Mörder von des Zaren Gnaden: Alexander Menschikow liebte es, in Pracht und Aufwand den Zaren zu übertreffen – und hatte dessen freudige Erlaubnis dazu. Also ließ er 1711 etwa 10 km von Peterhof entfernt, nahe der Insel Kronstadt, durch den Architekten Giovanni Maria Fontana einen geräumigen **Palast** auf einem Hügel über dem Finnischen Meerbusen errichten, mit einer dem Meer zugewand-

Schönstes Rokoko zeigt mit köstlichen Chinoiserien der ›Chinesische Palast‹, den Katharina die Große erbauen ließ

ten, konkav gebogenen Fassade. Vollendet wurde der Bau 1727 von Gottfried Schädel, der auch schon Menschikows Stadtpalais am Universitätskai gebaut hatte.

Man nähert sich dem Schloss von Norden her und sieht es prächtig auf der Höhe liegen. Oranienbaum blieb im Zweiten Weltkrieg in russischer Hand und wurde nicht zerstört. Darum sind die Gebäude in ihrer Bausubstanz original. Auch die Einrichtung blieb erhalten.

Die Schlösser im großen Park entstanden Jahrzehnte nach Menschikows Palast. Alles war Eigentum der Zaren geworden, nachdem der Fürst wenige Jahre nach dem Tod Peters des Großen enteignet und nach Sibirien verbannt worden war.

In den 1750er-Jahren wohnte in Oranienbaum der Thronfolger – ein Neffe der Zarin Elisabeth, der später als Peter III. nach kurzer Regierungszeit eines gewaltsamen Todes starb – mit seiner Frau, der nachmaligen Zarin Katharina der Großen. Sie fühlte sich denkbar unglücklich hier, vermutlich weil ihr Gemahl (übrigens ein deutscher Prinz, wie auch sie eine deutsche Prinzessin war) seine Tage überwiegend mit geistlosen Militärspielen, Drill und Exerzierübungen verbrachte.

Der Thronfolger hatte sich Grenadiere aus seinem heimatlichen Holstein kommen lassen, zur Erbitterung des russischen Adels. Von dem hochbegabten Architekten Antonio Rinaldi ließ Peter im Unteren Park dazu eine Festung, die **Peterstadt**, errichten, von der südöstlich des **Großen Palastes** ❶ (Bolschoj Dworez, Tel. 812/423 16 27, April–Sept. Mi–Mo 11–17 Uhr, Okt.–März Mi–Mo 11–16 Uhr) nur mehr ein Torbau und das **Schlösschen Peters III.** ❷ (Dworez Petra III., Tel. 812/ 422 37 56, Öffnungszeiten wie großer Palast) zu sehen ist. Dessen kleine Räume sind hübsch, aber nicht prunkvoll mit Gemälden, Seidentapeten, Einlege- und Lackarbeiten ausgestattet. Ein Modell der nur in Teilen verwirklichten Gesamtanlage ist ausgestellt. Das Parkgrün, das von allen Seiten in das Schloss hineinblickt, macht den Ort doppelt reizvoll.

Nach dem Zweiten Weltkrieg hießen in der Sowjetära das Schloss wie auch die benachbarte Stadt **Lomonossow** nach dem großen Wissenschaftler Michail Lomonossow. Zu allen seinen übrigen Aktivitäten hatte dieser am Ort eine Glas- und Keramikfabrik gegründet.

Im Oberen Park befindet sich der **Chinesische Palast** ❸ (Kitajskij Dworez, Juni–Sept. Mi–Mo 10–17 Uhr), den sich Katharina die Großen schon kurz nach dem gewaltsamen Tod ihres Gatten errichten ließ. Antonio Rinaldi baute 1762–68 das **Schlösschen** für private Landaufenthalte an einen kleinen See. Hier wird die Liebe des Rokoko zu chinesischem Dekor mit Lust vorgeführt, mit prachtvollen Materialien, Schnitzereien und Vergoldungen, mit Porzellanen, Seiden, Edelhölzern, reich intarsierten Fußböden und weißgoldenem Stuck, der im schönsten Rokoko pflanzliche Formen stilisiert.

Ein Highlight ist das *Glasperlenzimmer*, dessen Wände vollständig von Perlenstickerei überdeckt sind und einen märchenhaft sanften Schimmer verbreiten. Die Glasperlen stammten aus der Produktion der von Michail Lomonossow gegründeten nahe gelegenen Fabrik. Im *Großen Chinesischen Kabinett* schufen russische Künstler Einlegearbeiten im China-Stil. Verschwunden ist leider das berühmte Deckengemälde des *Großen Saals*. Es war nach genauen Maßangaben von Giovanni Battista Tiepolo in Venedig auf Leinwand gemalt und im Palast installiert worden, geriet aber im Zweiten Weltkrieg, als es abgenommen und ausgelagert war, ins Ausland.

Reizvoll entschädigen für den Verlust das *Porträtzimmer* mit Bildern Pietro Rotaris, den man schon von Peterhof kennt, und die Hofdamen-Pastelle im *Ankleidezimmer*. Der **Musensaal** hat seinen Namen von den Fresken Stefano Torellis. Zarte Malereien schmücken auch das *Goldene Kabinett*, das Arbeitszimmer Katharinas. Offiziell hat sich die Zarin in den 34 Jahren ihrer Regierungszeit insgesamt keine zwei Monate hier aufgehalten. Vielleicht kam sie inoffiziell öfter, mit Fürst Grigorij Orlow, der zwölf Jahre lang ihr Geliebter war.

Im Norden des Parks blieb der elegante Rokokobau des **Rutschbahn-Pavillons** ❹ (Katalnaja Gorka) erhalten, leider je-

Der ›Rutschbahn‹-Pavillon in Oranienbaum – Erinnerung an ländliche Späße

Katharinas Freude an der Natur prägte den Park von Oranienbaum

doch nicht die kunstvoll aus Holz gezimmerte Bahn, auf der im Sommer kleine Wagen, im Winter Rodelschlitten mit der Hofgesellschaft Katharinas in ausgelassenem Vergnügen hinunterfuhren. Nur der Wiesenhang ist noch zu sehen, wo einst diese Frühform einer Achterbahn ihren Platz hatte – und in lichtem Blau und Weiß, mit Freitreppe und umlaufenden Galerien der Pavillon, den gleichfalls Antonio Rinaldi erbaute.

89 Kronstadt
Plan Seite 83

Flottenstützpunkt und Insel revolutionärer Geschichte.

Zu erreichen mit Bussen von Gorskaja, einer Station der elektrischen Bahn vom Finnischen Bahnhof

Peter der Große gründete 1703 Festung und Fort auf der Insel Kotlin, die Siedlung nannte sich seit 1723 Kronstadt. Zeitweise wollte der Zar sie sogar zur Hauptstadt machen, denn sie sicherte ideal den Seeweg durch den Finnischen Meerbusen. Bis ins 19. Jh. konnten große Schiffe nur hier anlegen, erst seitdem man den Zufahrtsweg ausbaggern konnte, ist St. Petersburg wieder vollwertiger Seehafen.

Die **Kronstädter Matrosen** rebellierten schon 1905 in einem blutigen Aufstand, waren 1917 die engagiertesten Kämpfer für die bolschewistische Sache. Berühmt wurden sie aber durch ihre Erhebung 1921 gegen das kommunistische System, als sie Meinungs- und Versammlungsfreiheit und Abschaffung der Diktatur forderten. Die Festung wurde von der Roten Armee gestürmt, es gab Zehntausende von Opfern. Die Überlebenden ließ Lenin hinrichten oder in den Gulag schicken.

Kronstadt kann heute wieder besucht werden, mit Ausnahme des Hafens und der Befestigungen. Man erreicht die Insel über einen **Damm**, der sie mit dem nördlichen Festland verbindet. In der beschaulichen Stadt ist das 18. Jh. in einigen Seitenstraßen mit Kopfsteinpflaster und kleinen Häusern noch gegenwärtig. Auch die **Andreas-Kathedrale** stammt aus dieser Zeit. Die imposante **Marine-Kathedrale** mit ihrer riesigen Kuppel wurde im 19. Jh. erbaut. Hinter ihr führt eine Brücke zum grünen Sommergarten.

Auf den kleinen Inseln um Kronstadt trifft man immer wieder auf Reste alter Befestigungen. Der weite Blick über den Meeresarm bis zur fernen Stadtsilhouette St. Petersburgs oder an den westlichen Stränden ins offene Meer ist eine wahre Freude.

Nördlich des Stadtzentrums – grüne Inseln und Karelischer Wald

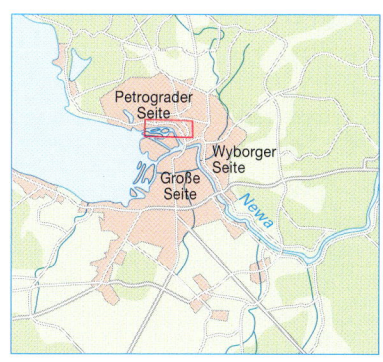

Wer etwas Zeit hat, findet – wenn nicht gerade Sonn- oder Feiertag ist – Ruhe und Beschaulichkeit noch im Stadtbereich auf den **drei Inseln des Newa-Deltas**: der Stein-, Jelagin- und Kreuzinsel. Intensiv ist hier die Meeresnähe der Stadt am Finnischen Meerbusen zu erleben, vor allem am nördlichen, weniger besiedelten Ufer. Wunderschön ist die karelische Ostseelandschaft im Jahreslauf, schneeverhüllt im Winter, weit im Frühjahr, an blauen Herbsttagen im strahlenden Rot und Gelb des Birken- und Ahornlaubs. Auf die Wyborger Seite geht eine Fahrt zum **Piskarjew-Gedenkfriedhof** mit den Massengräbern der Opfer der 900-Tage-Blockade.

Ganz heraus aus der Stadt in ruhige Datschenlandschaft, zu Birkenwald, Seen, sandigen Ufern fährt man nach Repino, zum extravaganten und doch aus tiefer Naturverbundenheit gewachsenen **Haus des Malers Ilja Repin**.

90 Steininsel *Plan Seite 83*
Kamennij Ostrow

Ein Zarenpalast und viele Nobelvillen: eine Prominenten-Adresse.

Straßenbahn 31, Bus 46 über den Kamennoostrowskij Prospekt

Schon im 18. Jh. hielt sich der St. Petersburger Adel gerne auf der Steininsel auf, die durch Schenkung Eigentum verdienter Familien wurde. Katharina die Große erwarb sie zurück und ließ 1776–81 für ihren Sohn Paul an der Ostspitze den **Steininsel-Palast** (Kamennoostrowskij Dworez, Architekten: Wassilij Baschenow und Jurij Veldten, später von Stasow verändert) bauen. Der schön am Wasser gelegene Palast ist heute ein Militärhospital und samt Park nicht öffentlich zugänglich. Westlich des viel befahrenen Kamennoostrowskij Prospekts liegt ein großer Park. Sehr edel blicken **zwei Sphinxe** am Südufer nahe der Brücke auf die Malaja Newka. Schmale Fahrwege unter hohen Bäumen führen zu opulenten, teils hinter hohen Mauern gesicherten Villen vom Anfang des 20. Jh, z. B. das **Dolgorukow-Palais** (Newki Maloj Nabereschnaja 11) von 1832 und das von Iwan Fomin 1911–13 erbaute neoklassizistische

Haus Polowtsew (Bolschoj Newki Nabereschnaja 22).

Nur noch eine Baumruine ist im Südwesten der Insel die angeblich von Peter dem Großen gepflanzte **Eiche** (Reki Kre-

Eine der Petersburger Sphinxe, hier auf der Steininsel

Prachtvoll erstrahlt der Jelaginpalast von Carlo Rossi in der Sonne

stowki Nab. 2). Von dort ist man rasch bei einem großen, eher nüchternen Holzbau, der durch Säulen und maskengeschmückten Giebel auffällt: Es ist das **Kamennoostrowskij Teatr** (1843/44 von Albert Cavos, nach einem Vorgängerbau von Smaragd L. Schustow) aus der Biedermeierzeit. Nach langjährigem Leerstand wurde es 2005 dem Bolschoj Dramatitscheskij Teatr [s. S. 61] übereignet. Bis Dezember 2008 wird es restauriert.

91 Jelagin-Insel *Plan Seite 83*
Jelagin Ostrow

Eine noch naturnah belassene Erholungslandschaft und ein Carlo-Rossi-Palast.

Metro: Tschornaja Retschka, Tram 17, 26; Fußgängerbrücken führen von der Steininsel, der Kreuzinsel oder nördlich vom Primorskij Prospekt auf die Insel

Spazierwege schlängeln sich an Teichen entlang, man kann Ruderboote mieten, und im Sommer gibt es einen Vergnügungspark. Aber das schönste Erlebnis auf der Insel ist das Sonne-Himmel-Meer-Schauspiel bei den zwei stämmigen Löwenskulpturen an der westlichen Inselspitze, mit weitem Ausblick in den Finnischen Meerbusen.

Für Kunstliebhaber lohnt der Besuch des klassizistischen **Jelagin-Palastes** (Jelaginskij Dworez, Tel. 812/430 11 31, Mi–So 11–17 Uhr) im Osten der Insel. Er war eine der ersten St. Petersburger Arbeiten (1818–22) Carlo Rossis. Bei Kunstausstellungen erlebt man die mit Malerei, Seidentapeten, Stuck und Bronzereliefs schön

◁ *Zu den schönsten Erlebnissen auf der Jelagin-Insel gehört ein Ausflug mit dem Boot*

ausgestatteten Innenräume. Unweit des Palastes baute Rossi auch das halbrunde **Küchengebäude**, das mit Giebel, Säulen und Skulpturen überaus vornehm wirkt; es hat die Fenster zum Innenhof, um Küchengerüche vom Schloss fernzuhalten.

92 Kreuzinsel   *Plan Seite 83*
Krestowskij Ostrow

Die größte der drei Inseln im Newa-Delta mit Siegespark und Stadion.

Tram 17, 21, 26; bei großen Veranstaltungen Bootsverbindung zum Stadion

Derzeit befindet sich auf der Kreuzinsel eine große Baustelle. An der Stelle des traditionsreichen **Kirow-Stadions** entsteht an der Westspitze des Eilands ein modernes Stadion, dem Stararchitekt Kisho Kurokawa den treffenden Arbeitstitel ›Raumschiff‹ gab. Geplant ist eine 62 000 Zuschauer fassende Arena mit verschließbarem Dach und ausfahrbarem Rasen für rund 225 Mio. Dollar. Bereits 2009 soll der Petersburger Fußballklub Zenit hier wieder spielen.

Die Parkanlagen beiderseits der breiten Aufmarschstraße zum Stadion wurden nach 1945 zur Feier des Sieges von der Bevölkerung in gemeinsamem Einsatz angepflanzt und, wie ein anderer Park im Süden der Stadt, **Siegespark** (Park Pobedij) genannt. Heute kann man auf der Insel Fahrräder oder Rollerblades mieten und die asphaltierten Wege entlangsausen.

93 Piskarjew-Gedenkfriedhof   *Plan Seite 83*
Piskarewskoje Memorialnoje Kladbitsche

Massengräber für die Opfer der 900-Tage-Belagerung im Zweiten Weltkrieg.

Piskarewskij Prospekt
tgl. 10–17 Uhr
Bahnstation Piskarewka, Straßenbahn 22, 46, Bus 102, 123

470 000 Tote sind unter flachen großen Rasenrechtecken hier begraben. Unglaubliches Elend, Hunger, Frost und Artilleriebeschuss machten in den Jahren der Belagerung (1941–44) individuelle Bestattungen fast unmöglich. Der 1960 eröffnete Friedhof ist kein Platz der nationalen Propaganda und plakativen Anklage, sondern weithin ein Parkgelände, in dem man lange nachdenklich herumwandern kann. Jedes Jahr am 8. September finden große Totenfeiern statt, zu denen die immer kleiner werdende Schar der Zeitzeugen der Belagerung kommt. Kerzen und Blumen werden in das riesige Gräberfeld getragen, vor der ewigen Flamme am Gedenkplatz wird salutiert.

Eine monumentale **Bronzefigur** stellt die ›Trauernde Mutter Heimat‹ (Rodina) (Bildhauer: W. Issajew und R. Taurit) dar. In die Steinwand ist ein Gedicht von Olga Bergholz gemeißelt, einer Überlebenden der Blockade, mit dem Schlusswort »Nichts und niemand ist vergessen worden«.

Dieses idyllische Windmühlenrestaurant schmückt die Kreuzinsel

Die zaristische Expansion nach Asien machte viele Buddhisten zu Staatsbürgern, darum wurde zu Anfang des 20. Jh. in St. Petersburg ein Tempel errichtet

In den **Pavillons** seitlich des Eingangs werden Bilddokumente und andere Zeugnisse aus den über 900 Tagen der Verteidigung gezeigt.

94 Puschkin-Gedenkstein *Plan Seite 83*

Der Platz eines tödlichen Duells.

Nowosibirskaja Uliza (Nordende)
Metro: Tschornaja Retschka

1837 war am ›Schwarzen Flüsschen‹ nördlich der Steininsel noch alles einsam, damals ein Ende der Welt, heute ein dicht bebauter Stadtteil.

Intriganten bei Hof hatten Alexander Puschkin durch Verleumdungen in ein Duell hineingetrieben. Die Sekundanten vereinbarten eine Entfernung von zehn Schritt und Schusswechsel bis zum Tod, und hier war der abgelegene Ort, wo sein Herausforderer ihn tödlich traf. Den Gedenkstein setzte man an Puschkins hundertstem Todestag (29. Januar 1937).

95 Buddhistischer Tempel *Plan Seite 83*

Tempel der buddhistischen Glaubensgemeinschaft Russlands.

Primorskij Prospekt 91
Metro: Tschornaja Retschka,
dann Bus 411 oder 416

Auf dem Weg zu den Ausflugszielen am Finnischen Meerbusen sieht man dieses Gebäude aus Naturstein mit seinem leuchtenden Tor- und Dachgebälk aus rotglasierten Ziegeln und dem Rad-Symbol. Man kann auch als Andersgläubiger in die Gebetshalle hinein gehen. Eine Kopfbedeckung sollte man abnehmen.

Gestiftet wurde der Tempel zu Beginn des 20. Jh. von einem buddhistischen Arzt des Zaren; Architekt war G. Baranowskij, Berater beim Bau kamen aus Tibet. Der Tempel wurde den Buddhisten erst 1991 zurückgegeben, nachdem er viele Jahre ein naturwissenschaftliches Institut beherbergt hatte.

96 Rasliw mit Lenin-Gedenkstätten *Plan Seite 83*

Wo Lenin sich im Juli 1917 versteckte.

An der Straße nach Sestroretsk,
34 km westlich von St. Petersburg.
Busse 411 und 416 von Primorskij Prospekt bei Metro Tschornaja Retschka,
Bahn (Elektritschka) vom Finnischen Bahnhof, Station Tarkhowka, zu Fuß von dort 10 Min. zum Sarai-Museum in Rasliw, rund 45 Min. zur Schalasch-Hütte am Rasliw-See.

Längst haben Plätze wie dieser aufgehört, Orte inbrünstiger Heldenverehrung zu sein. Doch sie bleiben Stätten historischen Lebens, und ihre Präsentation ist daher nicht nur für die nimmermüde Minderheit der Lenin-Verehrer interessant. Davon abgesehen, liegt der Rasliw-See schön in einer Wald- und Wiesenlandschaft und ist gut erreichbar.

1917 kam Lenin auf der Flucht vor der provisorischen Bürgerlichen Regierung, die allen Grund hatte, ihn festzusetzen, auf dem Trittbrett eines Eisenbahnwaggons in Rasliw an. Damals lag der Ort noch dicht an der Grenze zu Finnland. Heute steht dort zwischen Holzhäusern und blühenden Gärten unter Kiefern und Birken ein hausgroßer Glaskasten: das **Sarai-Museum** (Emeljanowa Uliza 3, Tel. 812/434 61 45, Do–Di 11–18 Uhr), ein surreal wirkender Schrein um die Scheune, auf deren Dachboden sich der Revolutionär unter dem Namen Konstantin Iwanow zuerst versteckte. Lenins Bett und Tisch sind zu sehen, auch Fotos und andere Erinnerungsstücke.

Nach kurzer Zeit wechselte er das Quartier und lebte als vorgeblicher Mäher auf dem Wiesenland hinter dem Rasliw-See in einer Hütte aus Schilfbündeln und Zweigen. Die Hütte hat man aus Granit zum Monument nachgebildet, die Ausstellungshalle des **Schalasch-Museums** (Schalasch = Laubhütte, Do–Di 11–18 Uhr) zeigt u. a. Fotos, ein Notizbuch mit Lenins eiliger, energischer Schrift und die Sichel, mit der er den Landarbeiter spielte. In der Nähe baut man die Hütte jedes Jahr neu aus Naturmaterial nach. Im Dickicht stehen zwei Holzblöcke als Schemel und Tisch: der Schreibplatz des Revolutionärs.

97 Ilja Repins Haus *Plan Seite 83*
Penaty

Originelles Wohn- und Atelierhaus.

Primorskoje Schossee 411, Repino, 47 km nordwestlich von St. Petersburg. Tel. 812/411 77 12
Mi–So 10.30–17 Uhr
Bahnstation nahe der Küste, Bus 411, 412 von St. Petersburg mit Halt an der Küstenstraße direkt vor dem Haus ›Penaty‹.

Ilja Repins Bilder vergisst man nicht: nicht die geplagten, elenden und überlebensstarken Wolgatreidler und nicht die ›punkhaften‹ Saporoger Kosaken [s. S. 54]. Ebensowenig aber auch das Wohn- und Atelierhaus, das sich der Maler (1844–1930) zwischen Meer und Wald, nur hundert Meter von der Küste für die drei letzten Jahrzehnte seines Lebens erbaute. Seinen Lebensstil ließ er von fortschrittlich-reformerischen Grundsätzen bestimmen: einfache Einrichtung, tolerante Gastfreundschaft und vegetarische Kost.
Das Haus, dem Repin eine entschieden individuelle, vertrackte Architektur ver-

passte, heißt **Penaty** (Penaten). Diesen Namen gaben die Römer in der Antike den Schutzgöttern ihrer Gebäude.

Das Haus wurde 1939 **Museum**, doch brannte es im Krieg aus und musste wieder hergestellt werden. Nach einer neuen umfangreichen Restauration Ende des 20. Jh. sind das große Wohnzimmer, das Zeuge so vieler Diskussionen und Konzerte war, das Atelier mit dem letzten Selbstbildnis und viele persönliche Erinnerungen wieder zu sehen. Auch der parkartige Garten ist vom Künstler selbst angelegt. Darin befindet sich der ›Turm der Scheherezade‹ und der Konzertpavillon ›Isis und Osiris‹, der jetzt voll ist mit Fotos aus Repins Lebens. Ilja Repin wurde 1932 auf dem eigenen Grund bestattet.

98 Anna Achmatowas Grab *Plan Seite 83*

Grab einer der größten russischen Dichterinnen des 20. Jh.

Friedhof von Komarowo, bei Repino (der Bahnlinie folgen!). Den zweiten breiten Weg rechts vom Eingang bis ans Ende gehen.

Noch immer liegen Blumen auf der Grabplatte, sodass der Name Anna Achmatowas (* 1899) oft kaum zu lesen ist. Ein Reliefporträt macht das Grab der Dichterin erkennbar, ein Andreaskreuz steht darüber, und hinter dem Grab beginnt gleich der Wald. Als Anna Achmatowa 1966 starb, hatte sie noch Anerkennung und die Veröffentlichung ihrer Verse erlebt [s. a. Nr. 59].

Eine Reliquie des Leninismus: die umglaste Zuflucht des Revolutionärs in Rasliw

Östlich des Stadtzentrums – vom Newa-Bogen zur ›Straße des Lebens‹

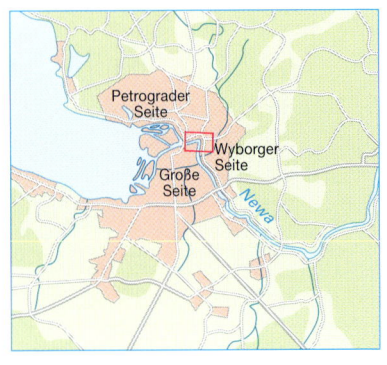

Lange endete die Stadtbebauung an der Fontanka. Doch in dem weiten Bogen, den die Newa zwischen dem Alexander-Newskij-Kloster und der Litejnij-Brücke beschreibt, entstanden schon im 18. Jh. einige **markante Palast- und Kirchenbauten**, die bis heute zu den architektonischen Attraktionen St. Petersburgs zählen.

Nach Osten über die Newa führt eine eher schmale Straße zu Europas größtem Süßwassersee, dem **Ladoga-See**. Ihre historische Bedeutung: Im Zweiten Weltkrieg konnte über die ›Straße des Lebens‹ auf dem Eis des Ladoga-Sees die belagerte Stadt zumindest zeitweise mit dem Lebensnotwendigsten versorgt werden.

99 Kikin-Palast
Palaty Kikina

Eines der ältesten Häuser St. Petersburgs, einst im Besitz eines unglücklichen Bojaren.

Schpalernaja Uliza 9
Metro: Tschernischewskaja, Bus 46, 136

Der erste Eindruck ist prächtig und freundlich zugleich: Eine geschwungene Freitreppe führt unter der weißroten Barockfassade zum Eingang hinauf. Ursprünglich war sie weißgelb gestaltet. Seinem ersten Besitzer, dem Bojaren Alexander Kikin, brachte das 1714 erbaute Haus (Architekt Andreas Schlüter) kein Glück. Noch bevor es richtig fertig war, wurde Kikin 1718 grausam hingerichtet, auf Befehl seines Jugendfreundes, Zar Peters des Großen. Die Kikina Palata – ›Palata‹ bedeutet Gemach – ist eine der ältesten Bauten in St. Petersburg überhaupt. Nach mehreren Umbauten wurde

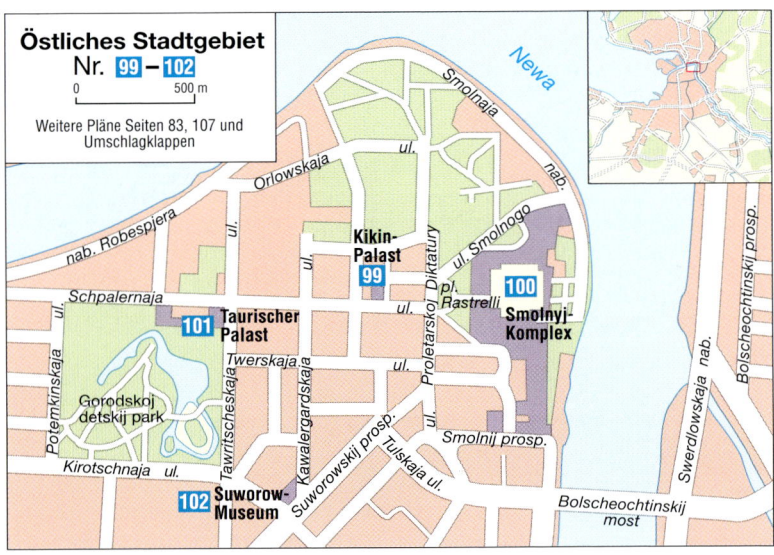

Seit den 1950er-Jahren wieder wie zu Peters Zeiten: der Palast Alexander Kikins

genwärtige Fassade erst im Zuge einer Restaurierung 1953–56 von Iwan Benois im Stil der Zeit Peters des Großen wieder hergestellt.

Alexander Kikin, wie Fürst Menschikow Gefährte des künftigen Zaren schon in Moskau, unterstützte den mit dem Zaren verfeindeten Thronfolger Alexej, was ihm als todeswürdiger Hochverrat ausgelegt wurde. Peter der Große konfiszierte den Bau und stellte dort zuerst die Sammlungen seiner Kunstkammer aus [Nr. 80]. Etwas verloren, klein und fein, steht der Kikin-Palast heute in der Nähe von Verwaltungsbauten des 20. Jh. Er beherbergt eine Musikschule.

100 Smolnyj-Komplex

**Woskresenskogo Sobor/
Smolnogo Monastirja/
Smolnyj Institut**

*Prachtvolles Architekturensemble,
Stätten der Religion, Bildung und
der Revolution.*

Ploschtschad Rastrelli
Tel. 812/271 91 82
www.cathedral.ru/smolny
sommers Fr–Mi 10–18 Uhr,
winters Fr–Mi 11–18, Kasse bis 17 Uhr
Metro: Tschernischewskaja, Bus 46,
58, 136

Weithin strahlt die prächtig hellblau und weiß bemalte, mit Zwiebeltürmen noch erhöhte Kuppel der Kathedrale des **Smolnyj-Klosters**, als eine Landmarke und zugleich als festlicher Schmuck des Stadtquartiers im Newa-Bogen. Obwohl

erst um 1835 von Wassilij Stasow vollendet, verleugnet sie mitnichten den barocken Stil ihres ersten Architekten Bartolomeo Rastrelli. Zarin Elisabeth ließ die weitläufige Klosteranlage bauen, weil sie sich im Alter dorthin zurückziehen wollte. Der Platz hatte seinen Namen ›Smolnyj‹ (Teer) von den Pechkochereien, die Peter der Große hier für den Schiffsbau einrichten ließ.

Zarin Elisabeth starb vor Vollendung des Klosters und Katharina die Große entließ Rastrelli, dessen Plan eines 140 m hohen Glockenturms unausgeführt blieb. Die **Auferstehungs-Kathedrale** wirkt dennoch hoch, weil die Nebenkuppeln auf ihren schmalen Türmen sich eng an die Hauptkuppel drängen, die Spitzen ihrer Zwiebeltürme erreichen die Höhe der Hauptkuppellaterne. Auch an der unteren Fassade wird durch Säulenpaare die Senkrechte betont. Das Innere der Kathedrale ist schlicht weiß, ohne Kircheneinrichtung. Hier finden Ausstellungen und Konzerte statt.

Schon Katharina die Große ließ im Smolnyj-Kloster das **Smolnyj-Institut**, das erste Internat adeliger Mädchen in Russland, einrichten. 1765–75 folgte nördlich des Klosters von Veldten das frühklassizistische **Alexandrowskij-Institut** als Bildungsanstalt für bürgerliche Mädchen. 1805–06 errichtete Giacomo Quarenghi südlich vom Kloster für Mädchen von Adel das zweite Gebäude des Smolnyj-Instituts, in etwas eintönigem klassizistischem Stil – die kurz geratenen Säulen unter dem Giebelteil stehen auf den Arkaden des Untergeschosses wie auf Stelzen.

In vielen Jahrzehnten gewachsen: das Smolnyj-Kloster, später Smolnyj-Institut

Dieses jüngere Smolnyj-Instituts-Gebäude erlangte weltgeschichtlichen Ruhm, da Lenin von diesem Ort aus die Oktoberrevolution leitete. Lenins Arbeitsplatz war hier bis zum März 1918 – dann zog der Rat der Volkskommissare in die neue Hauptstadt Moskau um.

1923/24 errichtete man zwei **Propyläen** (Torbauten), um den Zugang feierlich zu erheben. Sie tragen die Inschriften »Proletarier aller Länder vereinigt euch!« und »Erster Sowjet der proletarischen Diktatur«. Zehn Jahre später, am 1. Dezember 1934, wurde im Smolnyj-Institut der Leningrader Parteichef Kirow ermordet und Stalins Terror der ›Säuberungen‹ begann.

101 Taurischer Palast
Plan Seite 102
Tawritscheskij Dworez

Einst einer der prächtigst ausgestatteten Paläste Europas, von Katharina II. für Fürst Potemkin erbaut und auch von ihr bewohnt.

Schpalernaja Uliza 47
Metro Tschernischewskaja, Bus 46, 136

Katharina fühlte sich nicht betrogen durch die Neubau-Attrappen, die Grigorij A. Potemkin (sprich: Patjomkin) bei Besichtigungsfahrten ihrem Weg entlang aufstellen ließ. Sie vertraute ihm trotz der ›Potemkinschen Dörfer‹ und zeichnete ihn mit dem Generalgouverneursposten auf der Krim aus, die mit altem Namen Taurien hieß. Während Potemkins Abwesenheit ließ die Zarin durch Iwan E. Starow 1783–89 einen **riesenhaften Palast** errichten, der dann ›Taurischer Palast‹ genannt wurde, in einem klassizistischen Stil mit nur sparsamem Dekor.

Potemkin selbst konnte sich in der Raffinesse der Inneneinrichtung nicht genug tun, u. a. leistete er sich einen viel bewunderten **Wintergarten** mit Brunnen und mit exotischen Pflanzen. Höhepunkt der fürstlichen Verschwendung war ein glanzvolles Fest 1791 zu Ehren der Zarin, das im kalten St. Petersburg Orientträume wahr machte.

Nach dem Tod Katharinas II. ›rächte‹ sich ihr Sohn Zar Paul an dem Palast, der für ihn Luxus und Leichtsinn symbolisierte, indem er die Gardekavallerie samt Pferden und Ausrüstung in den Sälen einquartierte. Erst nach dem Regierungsantritt Alexanders I. wohnten wieder gekrönte Häupter dort. Der Taurische Palast wurde auch Schauplatz der russischen Versuche mit Demokratie. Nach der Revolution von 1905 tagte hier die *Staatsduma*. Die Sitzungen dieses mehrfach vom Zaren aufgelösten Reichsparlaments fanden dort statt, wo schon 1792 in einem Teil des märchenhaften Wintergartens ein Theater eingebaut worden war. Im Februar 1917 begann sich hier die *Provisorische Regierung* zu bilden. Noch ein knappes Jahr später, Anfang Januar 1918, leuchtete kurz wie ein Blitz die Chance einer wirklichen russischen Demokratie auf, aus allgemeinen Wahlen hervorgegangene Abgeordnete kamen zur Verfassunggebenden Versammlung. Es blieb für mehr als sieben Jahrzehnte das erste und einzige Mal. Schon am nächsten Tag ließen die Bolschewiki, die nur ein Viertel der Stimmen bekommen hatten, die Abgeordneten von Roten Garden nach Hause schicken.

Der **Taurische Garten** (Tawritscheskij Sad), heute nur noch ein kleiner Rest des Parkgeländes zu Potemkins Zeiten, ist mit seinen Seen und Grünflächen ein beliebter Spiel- und Erholungsplatz.

An der östlichen Parkseite steht ein Eckgebäude der Tawritscheskaja Uliza mit markantem Rundturm, das um 1900 als ›der Turm‹ bekannt und Treffpunkt der neuen literarischen Generation war, u. a. Anna Achmatowa, Alexander Blok und Ossip Mandelstam. Die Literatenwohnung, die damals dem religiös-mystischen Dichter Wjatscheslaw Iwanow gehörte, ist wie auch der Palast nicht zugänglich.

102 Suworow-Museum *Plan Seite 102*

Museum der Wende zum 20. Jh. für einen verehrten Feldmarschall.

Kirotschnaja Uliza 43
Tel. 812/579 39 14
www.suvorovmuseum.spb.ru
Do–Mo 10–17 Uhr, jeden ersten Montag im Monat geschlossen
Metro: Tschernyschewskaja
Bus 22, O-Bus 5

1904 wurde der düstere, eher abweisende Bau im pseudorussischen Stil vollendet. Man wollte den Feldmarschall Fürst Alexander Wassiljewitsch Suworow (1729–1800), den Sieger über Türken, Polen und Franzosen, nach seinem hundertsten Todestag mit einem Museum ehren. So zeigen Fassaden-Mosaiken den Alpenübergang der russischen Truppen. Zugleich sollte den wachsenden revolutionären Unruhen im Lande ein Symbol nationaler Stärke entgegengestellt werden. Das Gebäude mutet ein Jahrhundert später wie ein skurriles Geisterschloss an, die Sammlung mit Exponaten wie historischen Landkarten, Gemälden aus dem 19. Jh., Waffen und Uniformen wurde jedoch wieder eröffnet.

103 Preobraschenskij-Kathedrale *Plan Seite 83*
Preobraschenskij Sobor

Ein Dank der Zarin Elisabeth für militärische Hilfe beim Throngewinn.

Ploschtschad Preobraschenskaja
Metro: Tschernyschewskaja,
O-Bus 3, 8, 15

Der Unterstützung des Preobraschenskij-Regiments verdankte Zarin Elisabeth, die Tochter Peters des Großen, 1741 ihre Thronbesteigung (»Mir nach, Leute, ihr wisst, wessen Tochter ich bin!«, soll sie den Garden zugerufen haben). Zwei Jahre später ließ sie die Regimentskirche erbauen, die erste **Fünfkuppelkirche** nach Moskauer Vorbild in St. Petersburg (Architekten: Michail Semtschow und – nach dessen Tod – Pietro Trezzini). Doch brannte die Kirche 1825 ab. Der klassizistische Bau, den wir heute sehen, ist unter Bewahrung des ursprünglichen Kreuzkuppel-Grundrisses ein Werk Wassilij Stasows. Ebenso das umgebende Gitter, dessen Pfeiler eroberte türkische Kano-

Abendstimmung am Ladoga-See, dem größten Süßwassersee Europas

nenrohre sind. In der Kirche werden wieder Gottesdienste abgehalten.

104 Bolschoj Dom *Plan Seite 83*

Anstelle eines zaristischen Gerichtsgebäudes entstand der gefürchtete Sitz der GPU.

Litejnij Prospekt 4 (Ecke
Sacharschewskaja Uliza)
Metro: Tschernyschewskaja

Nicht zu übersehen ist das ›Große Haus‹, eines der wenigen Gebäude im engeren Stadtbereich aus den Jahren nach dem Ersten Weltkrieg. Vor 1917 wurden hier Zaren-Attentäter, nihilistische und kommunistische Terroristen im St. Petersburger Regionalgericht verurteilt. Der Neubau von 1931/32 war berüchtigt als Quartier der Geheimpolizei (GPU) und als einer der vielen Eingänge zum ›Archipel Gulag‹ (»Von hier aus sieht man Sibirien«), und blieb im Geruch der Gefährlichkeit – heute Sitz des ›Föderativen Dienstes der Sicherheit‹ (FSB).

105 Ladoga-See und ›Straße des Lebens‹
**Ladoschskoje Osero,
Doroga Schisni** *Plan Seite 83*

Während der 900-Tage-Blockade das Ziel letzter Hoffnungen.

35 km nordöstlich von St. Petersburg liegt der größte europäische **Süßwassersee**. Seine geschichtliche Bedeutung erreichte im Zweiten Weltkrieg einen tragischen Höhepunkt, da die schmale Landstraße,

die man von der Wyborger Seite aus über die Schossee Revoljutsii erreicht, in der Zeit der Belagerung zur ›Straße des Lebens‹ (Doroga Schisni) wurde, der See für Unzählige aber auch zum Grab. Im Winter ist der See über vier Monate lang zugefroren. Lange Kolonnen von Lastwagen schoben sich über das Eis, mit Soldaten, Kriegsmaterial und Versorgungsgütern stadteinwärts. Familien und Verwundete wurden evakuiert, stets Luftangriffen ausgesetzt und in Gefahr, im Eis einzubrechen. Denkmal-Kilometersteine stehen an der Straße, und wo sie den See erreicht, hebt sich ein **Torbogen** in den karelischen Himmel – genauer zwei Torbogenhälften, Symbol schwieriger Vereinigung. In unmittelbarer Umgebung breitet sich dichter Wald aus, mit ebenerdigen, nur selten farbig gestrichenen Häusern. Am Seeufer gibt es bei Kilometer 45 auch ein kleines **Museum** (Mi–So 10-17 Uhr) zur Belagerungszeit (›Musej Doroga Schisni‹).

Weil Untiefen und heftige Stürme die Schifffahrt erschweren, begann schon Peter der Große, einen Kanal südlich des Sees zu bauen. Heute ist der See durch Kanäle mit der Wolga und dem Weißen Meer verbunden.

Der Ladoga-See ist als Trinkwasservorrat noch immer lebenswichtig für St. Petersburg. Um so schlimmer, dass man Industrieansiedlungen zuließ, die das Wasser hochgradig verschmutzten. Im Norden des Sees befindet sich eine Inselgruppe, **Walaam**, mit Naturschutzgebiet – hier locken prächtige Schmetterlinge – und einem wieder von einigen Mönchen bewohnten Kloster. Von St. Petersburg aus kann man Ausflüge buchen, als beste Reisezeit gelten Mai und Juni.

Südlich des Stadtzentrums – ›Versailles des Ostens‹ und noch mehr Paläste

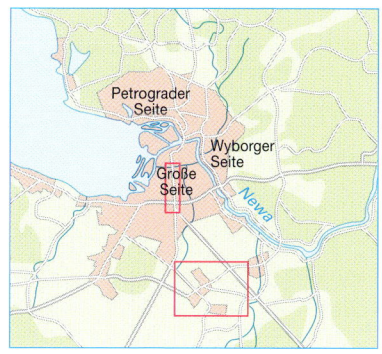

Richtung Süden liegen die architektonischen Kostbarkeiten verstreut zwischen Wohn- und Industrievierteln. Auf der Fahrt stadtauswärts durchquert man gleichsam die Jahresringe der Stadt, wie sie bis hin zu den stalinistischen Bauten am Moskowskaja-Platz und zum Flughafen Pulkowo 2 gewachsen sind. Noch ein Stück freie Landschaft – und schon ist als erstes Schmuckstück der Zaren-Sommersitz **Zarskoje Selo** erreicht. Der Name heißt auf deutsch ›Zarendorf‹ – und das ist eine gewaltige Untertreibung.

106 Dreifaltigkeitskathedrale
Troitskij/Ismalowskij Sobor

Gotteshaus mit großer Holzkuppel.

Ismalowskij Prospekt 7a
Metro: Technologitscheskij Institut

Traumblau lag die große Kuppel unter dem St. Petersburger Himmel. Um 1830 erbaute Wassilij Stasow die klassizistische Kirche auf kreuzförmigem Grundriss, mit einer Haupt- und vier Nebenkuppeln. Hier stand im 18. Jh. die Kirche der Siedlung des Ismalowskij-Regiments, in der Dostojewskij 1867 Anna Grigorjewna Snitkina heiratete. Zur Sowjetzeit war das Gebäude Fabrik und Lagerhaus für Bühnenbilder. Danach wurde es der Gemeinde zurückgegeben und wieder geweiht. 2006 stürzten bei einem Großbrand die Hauptkuppel und eine der Nebenkuppeln ein. Ihr Wiederaufbau ist im Gange.

107 Witebsker Bahnhof
Witebskij Woksal

Wunderschöne Jugendstil-Dekore!

Sagorodnij Prospekt
Metro: Puschkinskaja

Auch wenn man nicht mit der Eisenbahn reisen will, es lohnt, diesen Jugendstil-Zweckbau mit Glasfenstern und dekorativen Fliesenwänden aufzusuchen (erbaut 1904, Architekt: S. A. Brschosowskij,

Ausstattung: S. I. Minasch). Von der Haupthalle führt eine Treppe zum edel dekorierten Restaurant und zum ehemaligen Wartesaal des Zaren, der mit Bildern der alten Bahnstationen Zarskoje Selo und Pawlowsk geschmückt ist.

Der Bahnhof ist auch ein Stück Eisenbahngeschichte: 1837 verband zum Kom-

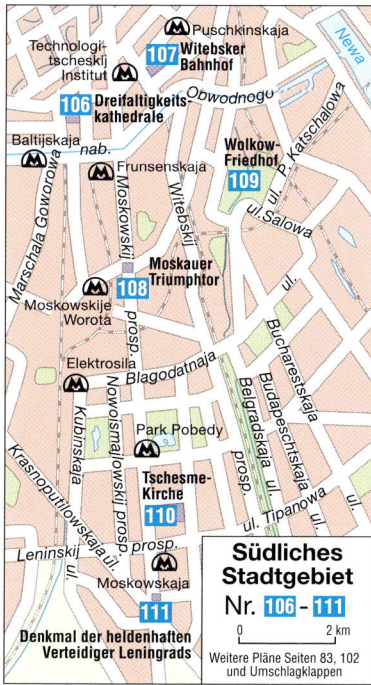

fort des Zarenhofes die erste Bahnstrecke Russlands den Vorgängerbau mit Zarskoje Selo und Pawlowsk.

108 Moskauer Triumphtor *Plan Seite 107*
Moskowskije triumfalnije Worota

Ein Siegestor aus Gusseisen.

Moskowskij Prospekt
Metro: Moskowskije Worota

Zur Feier der russischen Siege gegen die Türken 1828/29 wurde das Tor 1834–38 aus Eisen gegossen. Zwölf massive dorische Gusseisensäulen tragen das mit militärischen Symbolen geschmückte Gebälk. Architekt Wassilij Stasow entwarf das grüne Monument, wohl beeinflusst vom Brandenburger Tor in Berlin.

109 Wolkow-Friedhof – Literatensteig *Plan Seite 107*
Wolkowskoje Kladbischtsche/ Literatorskie Mostkij

Pfade zwischen Gräbern großer Geister.

Rastanny Proesd 3
Tel. 812/766 04 00
Fr–Mi 11–17 Uhr
Bus 14, 57, Tram 10, 44

Die Schriftsteller Iwan Turgenjew (1818–1883), Iwan Gontscharow (1812–1891), Michail Saltykow-Schtschedrin (1826–1889), Nikolaj Leskow (1831–1895) und Alexander Blok (1880–1921) wurden auf dem Wolkow-Friedhof bestattet, auch Alexander N. Radischtschew (1749–1802), der kritische Zeitgenosse Katharinas der Großen, die ihn inhaftieren und zum Tode verurteilen ließ und eben noch rechtzeitig begnadigte. Lenin wünschte testamentarisch, hier bestattet zu werden – wer weiß, ob diesem Wunsch nicht irgendwann entsprochen wird.
Da der Boden es schon 1756 angelegten Friedhofs zuweilen sehr nass ist, legt man Holzsteige (Mostkij) zu den Gräbern, daher der Name ›Literatorskije mostkij‹ (Literatensteig). Von April bis Mitte Mai ist der Friedhof dennoch häufig ›zum Austrocknen‹ geschlossen. Ein kleines Museum befindet sich in der ehemaligen Auferstehungskirche.

110 Tschesme- Kirche *Plan Seite 107*
Tschesmenskaja Predtetschenskaja Zerkow

Die dem hl. Johannes dem Täufer geweihte Kirche erinnert an einen Seesieg.

Uliza Gastello
Metro: Park Pobedy und Bus 16

Lachsrosa mit weißen Vertikalstreifen und mit Dachrändern wie Klöppelspitzen hebt sich die kleine Kirche mit den fünf zierlichen Türmen von ihrer Umgebung ab. 1777–80 wurde sie von Jurij Veldten erbaut, als Teil eines Schlosskomplexes, der Katharina der Großen als Station auf dem Wege von Zarskoje Selo in die Stadt diente. Das Schloss wurde später bis zur Unkenntlichkeit als Veteranenheim umgestaltet. Die Kirche, in der wieder Gottesdienst gehalten wird, erinnert mit ihrem gotisch-orientalischen Baustil an die **Seeschlacht vor Tschesme** an der türkischen Westküste, in der Alexej Orlow, der Bruder des Geliebten der Zarin, die türkische Flotte besiegte (1770).

111 Denkmal der helden- haften Verteidiger Leningrads *Plan Seite 107*
Pamjatnik Geroitscheskim Saschtschitnikam Leningrada

Mahnmal der 900-Tage-Belagerung.

Ploschtschad Pobedij
Tel. 812/371 29 51
www.spbmuseum.ru
Do–Mo 11–18, Di 11–17 Uhr
Metro: Moskowskaja

Auf dem langen Moskowskij Prospekt, den man auf dem Weg zum Flughafen entlang fährt, kommt man inmitten von Hochhausbauten dem einstigen Verlauf der Belagerungsfront schon sehr nahe. Monumental ragt das Denkmal der 900-Tage-Belagerung 1941–44 (von V. A. Kamenskij und S. B. Speranskij) in der Straßenachse auf, mit 48 m hohem Obelisk, überlebensgroßen Bronzefiguren und einer unterirdischen Gedächtnis- und Dokumentationshalle.
1975 wurde das Mahnmal fertig gestellt, das jedem nach der Ankunft auf der Fahrt vom Flughafen in die Stadt als erstes ins Auge fällt. Trotz des grauenhaften

Der türkische Name der Tschesme-Kirche erinnert an eine Seeschlacht von 1770

Leidens der Einwohner während der Belagerung vom 8. September 1941 bis zum 27. Januar 1944 enthält sich die Darstellung jeder Andeutung von Hass und Rache.

112 Zarskoje Selo

Plan Seite 83, 113

Hochberühmte Palastvorstadt, Lieblingsaufenthalt der Zaren seit Katharina der Großen. Und: Puschkin drückte hier die Schulbank.

25 km südlich von St. Petersburg
Tel. 812/465 21 96
www.tzar.ru
Zu erreichen vom Witebsker Bahnhof aus mit der Bahn bis zur Station Detskoje Selo, von dort weiter mit dem Bus oder 15 Min. Fußweg.

Der **Ort** hatte ursprünglich den finnischen Namen ›Saari Mois‹ (Meierei auf der An-

höhe). Nachdem zunächst Katharina I., die Gemahlin Peters des Großen, sich ein Landschloss hatte bauen lassen, wurde der Ortsname in ›Zarskoje Selo‹ – Zarendorf – umgewandelt. Nach der Revolution 1917 wollte man diesen Namen nicht weiterführen und da im Ort mehrere Kinderheime bestanden, benannte man ihn um in ›Kinderdorf‹ (Detskoje Selo). Diese Bezeichnung trägt die Bahnstation noch heute.

Seit 1937 lautete der offizielle Name ›Puschkin‹, in Erinnerung an Russlands größten Dichter, der auf der hiesigen Eliteschule Lyzeum sieben Jahre lernte. Heutzutage – die Stadt hat rund 100 000 Einwohner, mit schönen Vierteln voller Gartengrün – kehrt man zu dem alten Zarennamen Zarskoje Selo zurück.

Der Ort war im Zweiten Weltkrieg in den Händen der deutschen Armee, die Kampflinie verlief knapp nördlich bei den Pulkower Höhen, von wo St. Petersburg schon mit bloßem Auge zu sehen ist. Fast

alles, was man heute in Zarskoje Selo bewundert, wurde aus einer Wüste rauchender Trümmer wieder aufgebaut. Viele Kunstschätze waren ins ›Großdeutsche Reich‹ abtransportiert worden, manche sind verschollen. So wird über den Verbleib des berühmten Bernsteinzimmers immer noch gerätselt.

 Großer Katharinenpalast ❶
Bolschoj Jekaterininskij Dworez
Tel. 812/466 58 31
Mi–Mo 10–18, Kasse bis 17 Uhr

Den ersten kleinen Palast Katharinas I. ließ deren Tochter, die Zarin Elisabeth, 1752–56 von Bartolomeo Rastrelli völlig umgestalten und zum Andenken an ihre Mutter ›Katharinenpalast‹ nennen. Die Initialen in den teilweise vergoldeten Gittertoren sind daher die Katharinas I. Als Meister des russischen Barock entsprach Rastrelli ganz und gar dem Geschmack der Pracht liebenden Zarin Elisabeth, in Zarskoje Selo fand er seine letzte große Aufgabe im Zarenreich.

Die über 300 m lange, gleichmäßig hohe **Fassade** gestaltete Rastrelli durch Risalite, Säulen, Masken, Doppelsäulen, Atlanten und Fensterumrandungen in reichster Formenvielfalt. Blau und weiß leuchtet alles, unterbrochen vom dunklen Goldgelb der Ornamente. Wenn man sich vorstellt, dass zu Elisabeths Zeiten der Fassadenschmuck über und über mit Blattgold überzogen war, hat man ein

Bild von nicht mehr zu überbietendem Prunk vor Augen. Kostbar vergoldet sind heute wieder die fünf Kuppeln der **Palastkirche** am nordöstlichen Ende des Schlosses.

Katharina die Große, von gänzlich anderem Zeitgeschmack bestimmt als Elisabeth, ließ nach eigenen Aussagen ›aufräumen‹, das heißt manchen Prunk gegen schlichter Gestaltetes auswechseln. Die abblätternden Vergoldungen der Fassade wurden entfernt, und im Inneren sieht man heute – in sorgfältiger Wiederherstellung – viele Raumgestaltungen Katharinas der Großen im frühklassizistischen Stil. Der **Lyoner Saal** glänzt in gelber Seide, seine Möbel sind mit Schlangenmotiven verziert.

Aber der **Kavaliers-Speisesaal**, in dem eine luxuriöse Tafel mit kostbarem Petersburger Porzellan, Kristall und Damast aufgedeckt ist, blieb im Stil Rastrellis erhalten, ebenso der fulminante **Große Thronsaal** mit seinen Spiegeln, Vergoldungen und Kronleuchtern. Bei den Bällen der Zarin Elisabeth hatten die Höflinge oft in Damenkleidern zu erscheinen, die Hofdamen und die Kaiserin aber trugen Herrenhosen. Auch den **Bildersaal** gestaltete schon Rastrelli, die Bilderwände wurden aus Beständen der Staatlichen Eremitage ergänzt.

Die **Appartements** sind Räume, die für den Enkel Katharinas der Großen, Zar Alexander, vom Architekten Wassilij Stasow im spätklassizistischem Stil gestaltet

Oben: *Ein Versailles des Ostens: die über 300 m lange Prachtfassade des Großen Katharinenpalastes, aus den Verwüstungen des Zweiten Weltkriegs neu erstanden*

Unten: *Pracht bis ins Detail: Mit viel Akribie und Kunstfertigkeit entstand die Rekonstruktion des berühmten Bernsteinzimmers*

wurden. Immer wieder fallen neben dem erlesenen Gesamteindruck kostbare Einzelstücke auf: ein Schrank – geschnitzt aus Walross-Elfenbein – im *Grünen Esszimmer*, das *Schlafgemach* mit zierlichen gedrehten Fayencesäulen in Weiß und Zartgrün, mit vielen Edelholzarten intar-

Etwa 80 m lang ist der Große Saal des Katharinenpalastes, ein Meisterstück Rastrellis

sierte Fußböden, seltene Möbel, z. B. auch klassizistische Stahlmöbel aus Tula. Im *Vorzimmer zur Kirche* glänzen die kostbaren Seidenbespannungen aus dem Originalstoff, denn nach dem Zweiten Weltkrieg fand sich noch ein Reservestoffballen aus der Entstehungszeit im Keller der Eremitage.

Zwischen dem Bildersaal und dem **Porträtsaal** (hier ein Bildnis der Zarin Katharina I.) wurde am 31. Mai 2003 die Rekonstruktion des weltberühmten **Bern-**

Wiedererstandenes Wunderwerk

Das seit dem Zweiten Weltkrieg verschollene Original wird möglicherweise für immer verloren sein, doch die Kopie steht ihm an exzessiver Pracht nicht nach: das historische **Bernsteinzimmer** im Großen Katharinenpalast. Ursprünglich im preußischen Schloss Monbijou eingerichtet, fand die kostbare Rauminstallation ihren Weg nach St. Petersburg, nachdem Zar Peter der Große 1717 Besuch bei König Friedrich Wilhelm I. gemacht hatte. Die Jantarnaja Kemnata (russ. = Bernsteinzimmer) ließ der Soldatenkönig für seinen Gast kurzerhand ausbauen, im Austausch für 80 ›lange Kerls‹, wie Friedrich Wilhelm sie aus ganz Europa für seine Vorzeigetruppe einsammelte.

Seit 1979, fast ein Vierteljahrhundert, arbeiteten bis zu 50 Bernsteinschneidemeister an der aufwändigen Rekonstruktion der Wanddekoration. Großzügige Unterstützung erhielten sie hierbei nicht nur durch die 3,5-Mio.-Dollar-Spende der **Ruhrgas AG** – dem größtem Importeur von russischem

Erdgas. Ganz anderer Art jedoch war der Beitrag der **Zollbehörde** in Kaliningrad (Königsberg): Den kunstsinnigen Chef der Zöllner hatte bei einem Besuch in Zarskoje Selo die Arbeit des Restauratorenteams so stark beeindruckt, dass er den bei Schmugglern beschlagnahmten Bernstein für die Rekonstruktion sammeln ließ. Nachdem diese unkonventionelle Materialbeschaffung auch den Segen der Bürokratie gefunden hatte, konnte sich die 1100 kg schwere Hubschrauberfracht zum Katharinenpalast auf den Weg machen. Immerhin rund die Hälfte dieses Ostseegoldes hielt auch den hohen Qualitätsansprüchen der Bernsteinkünstler stand.

Ein florentinisches Mosaik und eine Kommode des Originalzimmers wurden übrigens inzwischen von Museen zurückerstattet.

Seit dem 31. Mai 2003 kann das rund 30 Mio. Dollar teure Wunderwerk im Großen Katharinenpalast wieder von aller Augen bestaunt werden.

steinzimmers [s. u.] der Öffentlichkeit vorgestellt, seither ist dieser Prunkraum preußischer Provenienz wieder zu besichtigen. Seit 1755 war das Geschenk des Preußenkönigs Friedrich Wilhelm I. an Peter den Großen hier eingebaut.

Lyzeum mit Puschkin-Museum ❷
Lizej
Tel. 812/476 64 11
www.museumpushkin.ru
Mi–Mo 10.30–17.30, Kasse bis 16.30 Uhr, am letzten Freitag im Monat geschlossen

Zar Alexander, als junger Herrscher noch reformfreudig, ließ in Zarskoje Selo eine Eliteschule für Jungen aus höheren Ständen einrichten. Der Kirchenflügel des Schlosses wurde erweitert, und mit dem ersten Schülerjahrgang zog 1811 der zwölfjährige Alexander Puschkin ein. »Ich, der glücklichen Faulheit wahrer Sohn/von

Herzen sorglos, gleichgültig«, schrieb er später über seine sieben Zarskoje-Selo-Jahre. Seit 1949 ist ein **Puschkin-Museum** eingerichtet, das die originalen Kämmerchen der Schüler zeigt – viel Platz hatte das feurige Dichtergenie zwischen Bett und Waschtisch nicht. Auch der große Prüfungssaal, in dem Puschkin mit glänzendem Vortrag die alten Würdenträger verblüffte, kann besichtigt werden.

Eine kleine *Puschkin-Gedenkstätte* mit persönlichen Erinnerungen an den Dichter befindet sich nördlich vom Großen Katharinenpalast im **Landhaus Kitajewa** ❸ (Puschkinskaja Uliza 2, Tel. 812/476 69 90, www.museumpushkin.ru, Mi–So 10.30–17.30, Kasse bis 16.30 Uhr, am letzten Freitag im Monat geschl.), in dem er als junger Ehemann einen Sommer verbrachte.

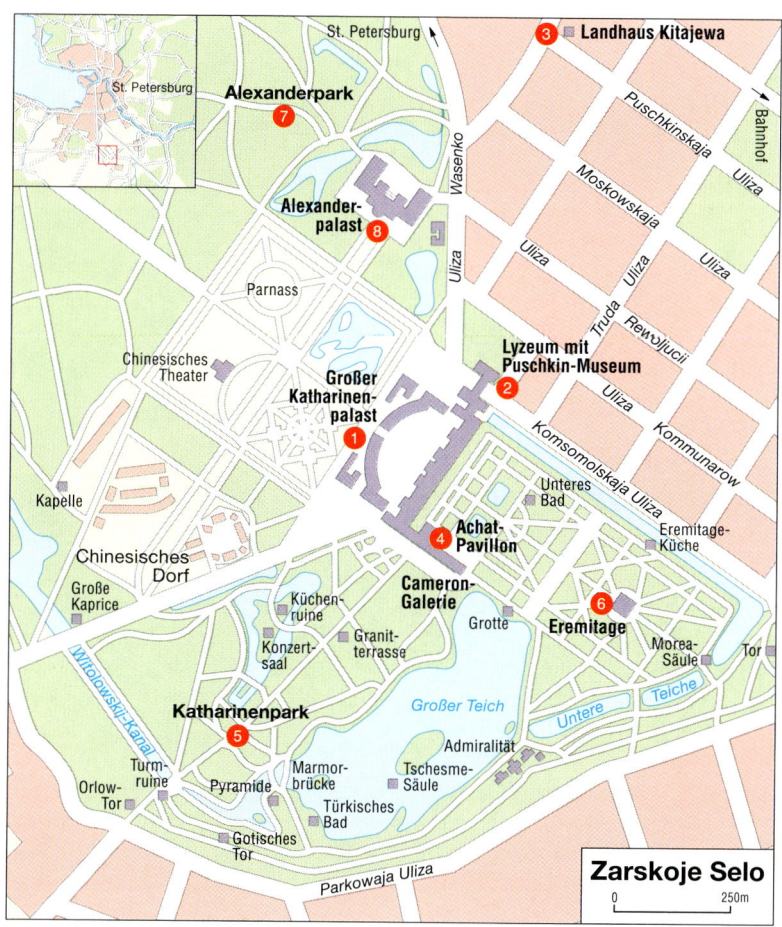

Zarskoje Selo

Achatpavillon und Cameron-Galerie ❹
Kameronowa Galerija i Agatowije Komnatij

An der Südseite des Katharinenpalastes ließ sich Katharina die Große 1780 einen Terrassengarten mit einem Bad darunter bauen, das sog. Kalte Bad (das allerdings auch Warmbäder bot). Architekt war der zuvor in Rom tätige Schotte Charles Cameron, ein Meister klassizistischer Formen, der mit dem sog. **Achatpavillon** ein Bravourstück der Raumausstattung lieferte, mit Marmor, Jaspis, Lapislazuli und Malachiten, die unbegrenzt verfügbar gewesen zu sein scheinen. Bis zum Jahr 2010 wird der Achatpavillon restauriert.

Darüber entstand die **Cameron-Galerie**, ein tempelartig leichter Bau, der sich mit weißen Säulen über die Parkanlagen erhebt. Eine harmonisch geschwungene Doppeltreppe führt zum Großen See. Als Katharina älter und nicht mehr so gut zu Fuß war, wurde eine sanft ansteigende Rampe mit Bögen über Grottennischen angelegt.

Die Parks

Beim Großen Katharinenpalast sind die gleichmäßig angelegten Gartenparterres aus Elisabeths Zeiten erhalten, die Katharina die Große verabscheute. Darum ließ sie von John Bush, dem Schwiegersohn Camerons, den ersten Landschaftspark Russlands anlegen, künftig **Katharinenpark** ❺ genannt, mit weiten Wiesenflächen, Brücken, Hügeln und Gewässern.

Bei aller Naturnähe ist der Katharinenpark vielfältig ›möbliert‹, u. a. mit *Gedenksäulen*, einer *Türkischen Moschee* (ehemals Bad), aber auch *Grotten* (eine legte Rastrelli an), einer *Marmorbrücke*, einer künstlichen *Turmruine*, einer *Pyramide* als Grabstätte für die Lieblingshunde von Katharina II. und mit *Pavillons*, die leider nicht zugänglich sind. In den ›Knarrenden Pavillon‹ z. B. hatte man absichtlich einen ›lauten‹ Boden eingebaut.

Durch dem symmetrisch angelegten Park vor der Gartenfassade des Großen Katharinenpalasts läuft ein gerader Weg auf eine **Eremitage** ❻ zu, die Rastrelli mit 64 Säulen ausbaute. Sie hat vier sich diagonal gegenüberliegende Kabinette und ist ein zierliches Rokoko-Bauwerk, für Diners in kleinem Kreis bestimmt. Im Zweiten Weltkrieg wurde der Bau beschädigt. Derzeit wird die Eremitage restauriert.

In nördlicher Richtung vom Katharinenpalast gelangt man in den riesengroßen **Alexanderpark** ❼. Diese herrliche Wildnis mit hohen Bäumen war früher Jagdgebiet. Der hier stehende **Alexan-**

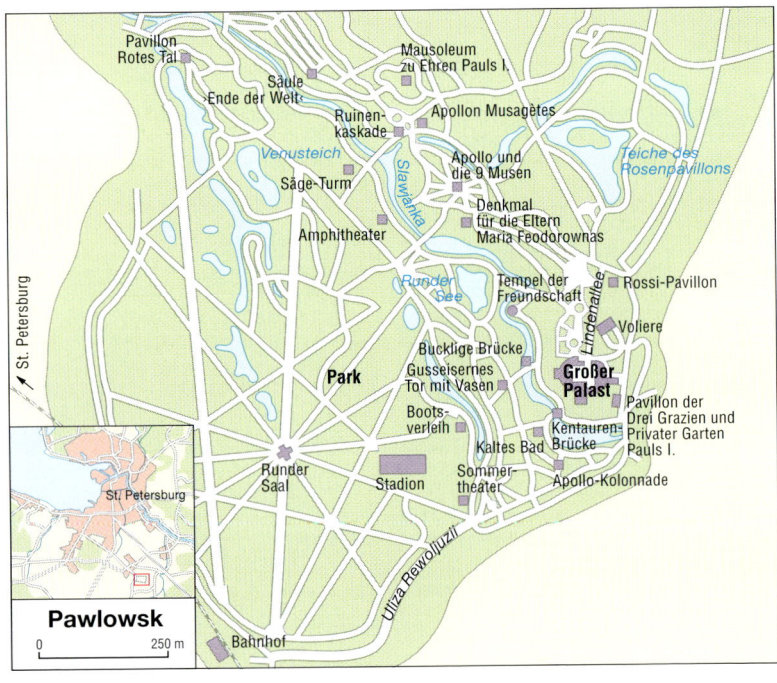

Am Rande des weitläufigen Landschaftsparks: Schloss Pawlowsk

derpalast (Mi–Mo 10–17 Uhr, am letzten Dienstag im Monat geschl.) ist das Meisterwerk von Giacomo Quarenghi (1792–96). In diesem Schloss residierte nach 1905 der letzte Zar, Nikolaus II., mit seiner Familie – aus Furcht vor Attentaten fast ausschließlich in sicherem Abstand zur Hauptstadt. Hier war die Zarenfamilie 1917 interniert, bis man sie nach Sibirien (Tobolsk) brachte. Heute sind die Privaträume von Nikolaus II. zu besichtigen.

Durch die stille natürliche Parklandschaft kann man eine rund 10 km weite Wanderung nach Pawlowsk machen.

113 Pawlowsk   *Plan Seite 83*

TOP TIPP *Natur als Kunstwerk – ein Palast inmitten eines der weltweit größten Landschaftsparks.*

Ca. 30 km südlich von St. Petersburg
www.pavlovsk.org
Mit der Eisenbahn vom Witebsker Bahnhof aus zu erreichen. Vom Bahnhof mit dem Bus zum Schloss.

Es fügt sich glücklich, dass man von der Bahnstation aus schon durch einen Teil des weiten Parks geht, ehe man zum Hauptschloss gelangt. Und selbst wer mit dem Wagen beim Palast direkt vorfährt, wird bald gewahr werden: Der **Park** ist hier das Wichtigste, sieht wie frei gewachsene Natur aus, wurde aber mit den Raffinessen **englischer Gartenkunst** gestaltet. Freilich bot die hügelig gewellte Landschaft mit ihrem kleinen Flusstal gute Voraussetzungen. Baumgruppen und Blumenbeete sind darin so angelegt, dass sie vom Licht und Schatten der Alleen aus malerisch zur Geltung kommen.

Der Park ist mit *Skulpturen* – älteren und neuen – und *Pavillons* (dem der ›Drei Grazien‹, dem ›Kalten Bad‹, dem ›Säge-Turm‹) geschmückt. Schöne *Brücken* (Kentauren-Brücke, Schwarze Brücke) und allerlei romantisch-sentimentale Stätten wie ein ›*Tempel der Freundschaft*‹ mit dorischen Säulen, ein ›*Monument für die Eltern*‹ (für die Eltern von Maria Feodorowna, der Gattin Zar Pauls, von der eine lebensgroße Skulptur im Park steht), auch ein *Apoll* mitten im Grünen sind malerische Motive und Blickpunkte. Vermutlich haben die Architekten des Großen Palasts von Pawlowsk auch an der Parkgestaltung mitgearbeitet, vor allem Charles Cameron und Vincenzo Brenna.

Großer Palast
Pawlowskij Dworez
Tel. 812/470 65 36
Sa–Do 10–17 Uhr, am ersten Montag im Monat geschl.

Am Flüsschen Slawjanka hatte Katharina die Große sich früh zwei Blockhäuser – ›Krik‹ und ›Krak‹ – für Jagdaufenthalte herrichten lassen, es folgten kleine Schlösser, dann 1780 der Auftrag an Charles Cameron, den neuen Palast in klassizistischem

Kostbar und antikisierend ist die Ausstattung der Sommerresidenz Pawlowsk

verachtete. Seine Lebensführung wollte der künftige Zar durch Schlichtheit und Pflichtgefühl geprägt wissen. Solange er in Pawlowsk mit seiner Familie lebte, hatte das positive Züge, in späteren Jahren war ihm dann in seinem Misstrauen nicht mehr zu helfen [s. a. Nr. 26].

Nachdem der Palast unter deutscher Besatzung im Krieg ausgebrannt war, ist er wieder völlig restauriert worden – die Inneneinrichtung hatte man bei Kriegsbeginn in Sicherheit gebracht.

114 Gatschina *Plan Seite 83*

Tagesausflug zu einem strengen Schloss in lieblichem Park.

Ca. 50 km südlich von St. Petersburg
Di–Sa 10–18 Uhr
Die Station Gatschina ist mit der Bahn vom Baltischen Bahnhof aus zu erreichen.

Im Vergleich zur goldenen Pracht von Peterhof und Zarskoje Selo bleiben Schloss und Park Gatschina im Schatten. Düster und fast kasernenartig streng ragt der Bau über einem gepflasterten Exerzierhof auf, wenn man sich ihm von der Straße her nähert. Der Bauherr Zar Paul steht als **Statue** mit Zweispitz und Stock auf dem Hof, streng blickend, in Haltung und Kleidung ganz sein preußisches Vorbild, Friedrich den Großen, nachahmend.

Gatschina, heute eine Industriestadt von provinzieller Abgeschiedenheit, war schon zur Zeit Peters des Großen im Besitz der Zaren, er schenkte dort seiner Schwester Natalja einen kleinen Landsitz. Das **Schloss** ließ Katharina die Große um 1770 von Antonio Rinaldi bauen (für ihren Geliebten Grigorij Orlow). Von Anfang an war es außen schlicht, doch innen überreich ausgestattet. Nach 1782, als es Katharina nach dem Tod Orlows ihrem Sohn Paul geschenkt hatte, wurde das Schloss von dessen bevorzugtem Architekten Vincenzo Brenna und von Rinaldi festungsartig umgebaut und repräsentativ vergrößert, mit dann insgesamt über 900 Räumen.

Der **Weiße Saal** wurde erst vor einigen Jahren im Stil der Zeit Katharinas der Großen wiederhergestellt, der **Marmor-Speisesaal** soll einst ein großer Baderaum gewesen sein. Man findet auch eine **chinesische Ming-Galerie**, überhaupt viel kostbares Porzellan, aus Meißen, Berlin und St. Petersburg, eine **Sammlung**

Stil zu erbauen. Katharina die Große hatte das ganze weiträumige Gelände mitsamt Dörfern und Bauern bereits ihrem Sohn Paul und seiner Gemahlin, Maria Feodorowna, einer württembergischen Prinzessin, geschenkt. Anlass war die Geburt ihres Enkels, des späteren Zaren Alexander I. Katharina vertrug sich nicht gut mit ihrem Sohn Paul. Sie war ihm (nicht durch eigene Schuld) von seiner Kindheit an entfremdet und richtete ihm wohl auch darum einen abseits gelegenen Wohnort ein.

Paul seinerseits sollte ein sehr absonderlich wirkender Herrscher werden, undiplomatisch, militärisch, von krankhaftem Misstrauen gegen seine Umwelt.

Von Vincenzo Brenna ließ er in den 1790er-Jahren das Schloss erweitern und das Oval des Hofes fast schließen. 1904 wurde eine Statue Pauls im Paradehof aufgestellt. Im Innern ist ganz in seinem Sinne strenger antiker Stil Trumpf: ein **ägyptisches Vestibül**, ein **italienischer** und ein **griechischer Saal** mit Säulen und Stuckmarmor, der Thronsaal heißt ›**Saal des Krieges**‹, mit militärischem Dekor, der ›**Saal des Friedens**‹ glänzt mit Blumen, Früchten und Musikinstrumenten. Unter den Gemälden der **Bildergalerie** befinden sich Werke von Raphael Mengs und Angelica Kauffmann. Alles ist bewusst vom üppigen Rokoko-Geschmack der Zarin Katharina abgesetzt, den Paul

Blick vom Park Gatschina auf die Pokrowskij-Kathedrale

von fünf Thronsesseln und eine Fülle von Gemälden und Stichen.

Nach Pauls Ermordung blieb das Schloss lange unbewohnt, bis das tödliche Bombenattentat auf Alexander II. (1881) den neuen Zar Alexander III. veranlasste, mit seiner Familie hier Schutz zu suchen und den Bau als ›Hochsicherheitsschloss‹ zur Residenz zu wählen – trotz einer gewissen Ungemütlichkeit des Gebäudes. Die Zarenfamilie zog in die Räume der Dienerschaft, weil die repräsentativen Säle zu kalt waren.

In der Oktoberrevolution 1917 war Schloss Gatschina eine Fluchtstation Ministerpräsident Alexander Kerenskijs.

Anmutig und freundlich bietet sich der **Park** im Kontrast zum Schlossbau dar. Mit ausgewählten Gehölzen ist er an den Ufern von Seen und Teichen angelegt. Überwachsene Pfade, versinkende Brücken und Pavillons mit eingestürztem Dach warten auf Gärtner und Restauratoren, verzaubern aber dennoch mit malerischem Charme.

Im **Weißen See** wurden zur Zarenzeit gelegentlich ›Seeschlachten‹ aufgeführt. Beim **Schwarzen See** liegt der **Prioratspalast**, errichtet 1798 von Nikolaj Lwow. Er erinnert daran, dass Zar Paul Großmeister des Malteserordens war. Das Gebäude sieht wie eine Ritterburg aus und ist aus gepresstem Lehm errichtet, in Schalenbauweise. Andere reizvolle

Gebäude im Park sind der **Venustempel** auf der Liebesinsel, der **Adlerpavillon**, die **Pokrowskij-Kathedrale** und das **Blockhaus**, das außen wie ein massiver Stapel von Birkenstämmen anzusehen ist, innen aber voller Spiegelglanz ist. Von der Stadt her kommt man auf dem Weg zu Park und Schloss an einem mächtigen Tor vorbei, dem **Ingerburgtor**, ein Rest der noch größeren Festungsanlagen aus der Zeit Zar Pauls.

Im Zweiten Weltkrieg wurde Gatschina von deutschen Truppen besetzt, 1945 war das Schloss nur noch eine Brandruine. Derzeit werden die Räume von Paul I. restauriert.

Minerva im Park Gatschina

menschen .
landschaften .
kulturen .

Studien- & Aktivreisen

Ukraine	**Lettland**
Russland	**Litauen**
Kasachstan	**Estland**
Mazedonien	

Weit-Blicke

Tel. 0341-9808570
www.Weit-Blicke.de
info@Weit-Blicke.de
Waldstr.68, 04105 Leipzig

St. Petersburg aktuell A bis Z

■ Vor Reiseantritt

ADAC Info-Service:
Tel. 018 05/10 11 12, Fax 018 05/30 29 28
(0,14 €/Min.)

ADAC im Internet: www.adac.de,
www.adac.de/reisefuehrer

St. Petersburg im Internet:
www.petersburg-info.de
www.petersburg-russia.com
www.st-petersburg.ru
www.petersburg.aktuell.ru
www.st-petersburg-life.com

Reisebüros für Individualreisende:

CVJM-Reisedienst GmbH,
An der Alster 40, 20099 Hamburg,
Tel. 040/28 40 95 70, Fax 040/280 20 11,
www.cvjm-russlandreisen.de

Sputnik Travel GmbH,
Stresemannstr. 107, 10963 Berlin,
Tel. 030/20 45 45 81, Fax 030/20 45 59 98,
www.sputnik-travel-berlin.de

Vostok Reisen, Weinbergsweg 2,
10119 Berlin, Tel. 030/30 87 10 20,
Fax 030/30 87 10 28, www.vostok.de

■ Allgemeine Informationen

Reisedokumente

Außer einem mindestens noch sechs Monate gültigen **Reisepass** ist ein **Visum** erforderlich, das in einem Konsulat der Russischen Föderation beantragt wird (auch über Reiseagentur möglich). Hierfür benötigt man den Nachweis einer Unterkunft bzw. eine Einladung, auf der Vor- und Zuname, Geburtsdatum und Reisepass-Nummer angegeben sein müssen. Die Einreiseberechtigung erhält man auch, wenn man ein Hotel oder eine andere Unterkunft bucht. Für den Visum-Antrag sind zwei (neuere) Passbilder nötig, eine Kopie des Passes und eine Auslandskrankenversicherung.

Das *Touristen-Visum* gilt 60 Tage. Es sollte mindestens sechs Wochen vor Reiseantritt beantragt werden und muss eine Referenznummer aufweisen. *Visa für Geschäftsreisende* erfordern die Einladung einer offiziellen Industrie- oder Handelsorganisation. *Studentenvisa* sind mit Vorteilen (z. B. bei Fahrpreisen) verbunden. Wenn man Freunde oder Verwandte in Russland hat, die nicht nur eine Einladung, sondern auch eine Bürgschaft für alle entstehenden Unkosten übermitteln, kann man ein *Individuelles Visum* bekommen, das aber eine längere Bearbeitungzeit erfordert. Visagebühren sind günstiger bei frühzeitigem Antrag; Expressbearbeitung in 48 Stunden ist teuer.

Wichtig: Alle Visa müssen spätestens drei Tage nach Einreise im OVIR (Ausländer-

amt, Uliza Saltykowa Schtschedrina 4, Tel. 812/278 34 86) **registriert** werden, meist erledigen dies aber die Hotels oder Gastgeber.

Vorschriften und Regelungen zur Ein- und Ausreise werden im Detail oft geändert. Darum empfiehlt es sich, bei der Botschaft/dem Generalkonsulat [s. S. 121] nach aktuellen Bestimmungen zu fragen.

Kfz-Papiere

Führerschein und Zulassungsbescheinigung 1 (vormals Fahrzeugschein). Die Mitnahme eines Internationalen Führerscheins wird empfohlen, ansonsten ist eine russische Übersetzung des nationalen Führerscheins erforderlich. Die Internationale Grüne Versicherungskarte gilt nicht, der Abschluss einer Kurzkaskoversicherung für die Reisedauer wird dringend empfohlen. Es besteht kein Haftpflichtversicherungszwang. Bei der Einreise ist eine Zolleinfuhrerklärung abzugeben, die bei der Ausreise wieder vorgelegt werden muss.

Krankenversicherung

Der Nachweis einer Auslandskrankenversicherung ist für den Visum-Antrag nötig. Es empfiehlt sich der Abschluss einer Auslandsreise- und Rückholversicherung mit voller Kostenübernahme.

Zollbestimmungen

Reisebedarf für den persönlichen Gebrauch darf zollfrei eingeführt werden. Es empfiehlt sich, alle wertvollen Gegenstände in die Zollerklärung eintragen zu lassen, um eine reibungslose Wiederausfuhr sicherzustellen.

Zollfrei: 400 Zigaretten, 50 Zigarren oder 500 g Tabak für Personen über 18 Jahren, 2 Liter alkoholische Getränke für Personen ab 21 Jahren und Parfüm für den persönlichen Gebrauch. Reiseproviant in Konserven oder Vakuumverpackung bis zum Erreichen des Zielortes. Erkundigen Sie sich bereits bei der Einreise nach den strengen Ausfuhrbestimmungen. Für die Heimreise ebenfalls zu beachten ist die EU-weite Einfuhrgrenze für zollfreie Waren in Höhe von 175 €.

Geld

Offizielle Währung ist der Rubel (RUB), *Münzen* sind zu 1, 2, 5, 10 und 50 Rubel in Umlauf. *Banknoten* gibt es zu 5, 10, 50, 100, 500, 1000 und 5000 Rubel. Die Ein- und Ausfuhr bis zu 50 000 RUB ist erlaubt. Devisen können bis zum Gegenwert von 3000 US-Dollar ein- und ausgeführt werden, höhere Beträge muss man deklarieren.

Es darf nur mit Rubel bezahlt werden, man erhält ihn in Wechselstuben (Reisepass vorlegen!) oder am Automaten. Geld ›schwarz‹ zu tauschen, ist verboten und auch riskant.

Kreditkarten (American Express, Eurocard, Mastercard, Visa) akzeptieren Hotels, größere Restaurants und Warenhäuser sowie die auf Westimporte spezialisierten Geschäfte.

Geldautomaten (*Bankomaty*) gibt es bei Banken, in zahlreichen Metrostationen, in vielen Hotels, Restaurants und Kasinos, auf der Hauptpost und am Flughafen.

Travellerschecks werden akzeptiert, besonders gern American Express und wenn sie in US-Dollar ausgestellt sind. Für jeden einzelnen Scheck wird Kommissionsgebühr berechnet.

Tourismusagenturen in St. Petersburg

City Tourist Information Center, Sadovaja Uliza 14/52 und Dvortsovaja Ploschtschad 12, Tel. 812/310 28 22, Fax 812/310 22 31, www.visit-petersburg.com. Metro: Gostinyj Dvor. Man spricht Englisch, reserviert Hotels, informiert über Ausflüge und Veranstaltungen.

Comintour, Mokhovaja Uliza 23, Tel./Fax 812/324 54 78, Fax 812/140 13 12, www.comintour.com. Alle touristischen Dienste.

HOFA Host Families Association, Uliza Tavricheskaja 5–25, Tel./Fax 812/275 19 92, www.hofa.ru. Seit Jahren bewährte Vermittlung von Privatzimmern und Apartments. Auch Visa, Transfer, Führungen und Hotelzimmervermittlung.

Troika-Reisen, im Hotel Pulkowskaja, Ploschtschad Pobedyj 1, Tel. 812/108 44 69, Fax 812/108 44 72, www.troika-reisen.ru. Hotelunterkünfte, Führungen, Rundfahrten.

Notrufnummern

Polizei (Milizia): Tel. 02

Feuerwehr (Poscharije): Tel. 01

Unfallrettung/Ambulanz (Medizinskaja Pomoschtsch Neotloschnaja): Tel. 03

ADAC-Notrufzentrale München: Tel. 810 49/89/22 22 22 (rund um die Uhr)

ADAC-Ambulanzdienst München: Tel. 810 49/89/76 76 76 (rund um die Uhr)

Österreichischer Automobil Motorrad und Touring Club
ÖAMTC Schutzbrief-Nothilfe: Tel. 810 43/1/251 20 00

Touring Club Schweiz
TCS Zentrale Hilfsstelle: Tel. 810 41/2/24 17 22 20

Ärztliche Versorgung

American Medical Center (AMC), Nabereschnaja Reku Moiki 78, Tel. 812/740 20 90, Fax 812/310 46 64, www.amclinic.ru, Privatklinik, 24 Std. Notdienst.

Medem International Clinic & Hospital, Marata Uliza, Tel. 812/336 33 33, www.medem.ru, Metro: Majakowskaja, 24 Std. Notdienst.

Diplomatische Vertretungen

Deutschland

Botschaft der Russischen Föderation, Unter den Linden 63–65, 10117 Berlin, Tel. 030/229 11 10, Fax 030/229 93 97, www.russische-botschaft.de. Konsularabteilung, Behrenstr. 66, 10117 Berlin, Tel. 030/22 65 11 84, Fax 01 90/77 33 13 (0,78 €/Min.)

Russisches Generalkonsulat, Am Feenteich 20, 22085 Hamburg, Tel. 040/229 52 01, Fax 040/229 77 27. Visa-Abteilung, Tel. 040/227 63 80

Russisches Generalkonsulat, Seidlstr. 28, 80335 München, Tel. 089/59 25 28, Fax 089/550 38 28

Österreich

Russische Botschaft, Reisnerstr. 45–47, 1030 Wien, Tel. 01/712 12 29, Fax 01/712 33 88, Visa-Abteilung Tel. 01/712 32 33, www.austria.mid.ru

Schweiz

Russische Botschaft, Brunnadernrain 37, 3006 Bern, Tel. 031/352 05 66, Fax 031/352 55 95, www.switzerland.mid.ru

Russland

Deutsches Generalkonsulat, Furschtatskaja Uliza 39, 191123 St. Petersburg, Tel. 812/320 24 00, Fax 812/327 31 17, www.sankt-petersburg.diplo.de, Metro: Tschernyschewskaja

Österreichisches Honorarkonsulat, Furschtatskaja Uliza 43, 191123 St. Petersburg, Tel. 812/275 05 02, Fax 812/275 11 70, Metro: Tschernyschewskaja

Schweizerisches Generalkonsulat, Tschernyshevskogo Prospekt 17, 191123 St. Petersburg, Tel. 812/327 08 17, Fax 812/327 08 29, Visaabteilung: 812/336 57 77

Sicherheit

Bedingt durch den Tschetschenienkonflikt kann es auch außerhalb der Kaukasusregion zu Anschlägen kommen. Beim Besuch von nicht besonders polizeilich geschützten Menschenansammlungen ist besondere Vorsicht empfohlen.

Zeit

Es gilt die Osteuropäische Zeit (OEZ), d. h. MEZ + 2 Std.

Zeitungen

Auf deutsch erscheint einmal im Monat die kleine **St. Petersburgische Zeitung** (www.spz.aktuell.ru). Informationen in englischer Sprache bieten **The St. Petersburg Times** (www.sptimes.ru, zweimal wöchentlich) und **Neva News** (www.nevanews.com, monatlich).

Besondere Verkehrsbestimmungen

Tempolimits (in km/h): innerorts 60, außerorts 90, für Kfz über 3,5 t 70. Wer den Führerschein weniger als zwei Jahre besitzt, darf nie schneller als 70 km/h fahren. Jedes Kfz muss mit einem Feuerlöscher ausgestattet sein. Fahrzeuge und Konvois mit Blinklicht unbedingt überholen lassen. Bei Unfällen sollte man immer die Polizei holen. Es gilt absolutes Alkoholverbot. Das Nationalitätskennzeichen ›D‹

muss auch bei EU-Kennzeichen am Fahrzeug angebracht sein.

Brücken und Lücken

Von April bis November (die genauen Termine sind witterungsabhängig) werden zwischen 2 und 5 Uhr die Newa-Brücken aufgeklappt. Einzelne Stadtteile sind dann nicht mehr zu erreichen.

■ Anreise

Auto

Informations- und Kartenmaterial können Mitglieder des ADAC kostenlos bei den ADAC-Geschäftsstellen oder unter Tel. 018 05/10 11 12 (0,14 €/Min.) anfordern. Außerdem ist im ADAC Verlag der Stadtplan *Sankt Petersburg* (1: 20 000) erschienen (www.adac.de/karten).

Die Entfernung von Berlin nach St. Petersburg beträgt 2000 km. Man benötigt neben den üblichen Reiseunterlagen ein **Visum mit dem Vermerk**: Einreise mit eigenem Fahrzeug (im Visum-Antrag als Reisezweck ›Autotourist‹ angegeben). Das Visum gilt zugleich als Transitvisum für Weißrussland. Wer über das Baltikum einreist, benötigt für Lettland, Estland und Litauen kein Visum mehr. Wegen der Risiken der Fahrt durch die baltischen Staaten wird jedoch der Fährtransport angeraten – entweder direkt nach St. Petersburg oder nach Helsinki. Auskunft über weitere Einzelheiten geben die heimischen Automobilklubs (*ausführliches Info-Blatt des ADAC*).

Pannenhilfe vermitteln motorisierte Polizeistreifen, der ADAC-Euroschutzbrief gilt bis zum Ural. Wegen schlechter bzw. langwieriger Transportwege können in der Regel jedoch lediglich im Nachhinein die Kosten ersetzt werden.

Bahn

Die Fahrtzeit von Berlin nach St. Petersburg beträgt ca. 36 Stunden. Verpflegung bringt man am besten mit.

Fahrplanauskunft

Deutschland

Deutsche Bahn, Tel. 118 61 (persönlich Auskunft, gebührenpflichtig), Tel. 08 00/150 70 90 (sprachgesteuert, kostenlos), www.bahn.de

Österreich

Österreichische Bundesbahn, Tel. 05 17 17, www.oebb.at

Schweiz
Schweizerische Bundesbahnen,
Tel. 09 00 30 03 00, www.sbb.ch

Bus

Von mehreren deutschen Großstädten fahren Busse nach St. Petersburg. Die Fahrtzeit beträgt etwa zwei Tage. *Info*:

Deutsche Touring, Am Römerhof 17, 60486 Frankfurt/Main, Tel. 018 05/ 790 35 01, www.deutsche-touring.com

Von Helsinki aus gibt es tägliche Busverbindungen. Die Fahrt dauert sieben Stunden und endet meist in der Italianskaja Uliza (Metro: Newskij Prospekt/Gostinnij Dwor), mitten im Zentrum. *Info*:

Savonlinja, Otavankatu 23, 50101 Mikkeli, Finnland, Tel. 003 58/201 41 57 00, Fax 003 58/201 41 55 50, www.savonlinja.fi

Flugzeug

Der Internationale Flughafen **Pulkovo 2** (www.pulkovo.ru) liegt 17 km südlich vom Zentrum. Von dort fährt der Bus Nr. 13 zur Metrostation Moskowskaja. Bei einer Taxifahrt zur Stadt empfiehlt es sich, den Preis vorher auszuhandeln (umgerechnet nicht höher als 10–20 €). Für Inlandsflüge – auch die von und nach Moskau – ist der Flugplatz **Pulkovo** (www.pulkovo.ru) zuständig, der mit dem Bus 39 zu erreichen ist. Taxipreise wie bei Pulkowo 2.

■ Bank, Post, Telefon

Bank

Die Banköffnungszeiten sind Mo–Fr 9–17 Uhr (einige auch Sa). Großbanken sind Mo–Fr 9–20 und Sa 10–18 Uhr geöffnet, Wechselstuben von 10–18 Uhr.

Wechselstuben gibt es in allen großen Hotels und in Bankfilialen. Die Bescheinigungen über gewechseltes Geld sollte man sorgfältig bis zur Ausreise aufheben, u. a. auch wegen Rücktausch von nicht ausgegebenen Rubeln.

Post

Briefe in westeuropäische Ländern dauern ca. 14–20 Tage, ihre Ankunft ist jedoch nicht immer sicher. Schalter zur Portoauskunft und zum Briefmarkenkauf gibt es auch in den großen Hotels.

Die **Hauptpost** (Uliza Potschtamskaja 9, rund um die Uhr geöffnet) befindet sich nahe der St.-Isaak-Kathedrale in einem Gebäude mit schönem Jugendstildekor. Private Anbieter:

Westpost, Newskij Prospekt 86, Tel. 812/275 07 84, www.westpost.ru

FedEx, Pereulok Grivtsova 6, Tel. 812/325 88 25, www.fedex.com

DHL, Izmailovsky Prospekt 4 , Tel. 812/326 64 00, www.dhl.ru

Telefon

Internationale Vorwahlen:
Russland 007
Deutschland 810 49
Österreich 810 43
Schweiz 810 41
(nach der 8 den Freiton abwarten)

Vorwahl St. Petersburg: 812

Die telefonische Infrastruktur ist in St. Petersburg unterschiedlich gut entwickelt. Luxushotels bieten die Möglichkeit einer schnellen Direktwahl in andere Länder. In den großen Hotels und bei der Post gibt es **Telefonkarten**. Innerhalb der Stadt kann man von Hotels und Cafés aus kostenlos telefonieren. Das Grand Hotel Europe (Michailowskaja Uliza 1/7, Tel. 812/329 60 00) hat einen **öffentlich zugänglichen Telefon- und Faxservice**. Die Telefonnummern in Russland werden häufig geändert.

Im Jahr 2008 will das russische Fernmeldeministerium bei den Vorwahlen und bei den Notrufnummern europäische Standarts einführen. Dann soll die obligatorische 8 vor Ferngesprächen wegfallen. Die Notrufnummern für Polizei, Notarzt und Feuerwehr sollen 110 bzw. 112 lauten.

Internationales Telefon- und Telegrafenamt: Bolschaja Morskaja Uliza 3–5 (rund um die Uhr geöffnet). Die Kosten dort sind geringer als in den Hotels, die Wartezeiten aber viel länger. Das gilt auch für Faxverbindungen, die man hier auf Formularen beantragen kann (normale Sendezeit bis zu 72 Stunden).

Die Benutzung von handelsüblichen **GSM-Mobiltelefonen** ist möglich.

■ Einkaufen

Die **Öffnungszeiten** sind meist Mo–Fr 10–19, manchmal 10–21 Uhr. Viele Geschäfte sind am Wochenende geöffnet.

 Seit Jahrhunderten ist die farbenfrohen **Matrjoschka**, die Puppe in der Puppe, die Königin der russi-

Matroschkas vor der Christi-Auferstehungs-kirche ›Auf dem Blute‹

schen Volkskunst. Man findet sie in Hülle und Fülle auf dem **Souvenirmarkt hinter der Christi-Auferstehungskirche** (in der Regel tgl. 11–18 Uhr geöffnet), der unmittelbar am Gribojedow-Kanal liegt. Auf ihm gibt es **Alles aus Holz**, z. B. farbige Löffel, Schüsseln und Teller. Viele Souvenirs sind kräftig bunt im bäuerlichen Stil oder hauchzart gestaltet, wie die zahllosen Lackgemälde mit Märchen- und Sagenmotiven auf dunklem Grund. Besonders reizvoll sind z. B. die **Illustrationen** des Grafikers und Bühnenbildners Iwan J. Bilibin (1876–1942), der aus Jugendstil und russischer Folklore einen eigenen Stil entwickelte.

Das riesige Angebot dieses Marktes reicht von Schnitzarbeiten und Silber über Kristall und Porzellan bis hin zu funkelnden **Samowaren** und kostbaren Schachspielen. Auch Bernsteinschmuck und prächtige, polierte **Mineralien** – ob als Osterei oder als Briefbeschwerer – kann man hier erstehen. Natürlich gibt es auch Pelze, Kaviar und Wodka.

Preisvergleiche lohnen und Handeln ist auch nicht unüblich. Vorab sollte man sich im Hotel nach den aktuellen **Zollvorschriften** zu erkundigen. Seit 2001 verbietet ein Gesetz, Objekte, die vor 1945 hergestellt wurden, außer Landes zu bringen, falls man keine Sondergenehmigung des Zolls vorlegen kann. Und die kostet entsprechend dem Warenwert, der taxiert wird ...

Antiquitäten

Salon Petersburg, Newskij Prospekt 54, Tel. 812/571 40 20, www.salon-petersburg. ru. Bilder, Möbel, Silber und Porzellan.

Bücher

Akademkniga, Liteiny Prospekt 5, Tel. 812/273 13 98. Antiquarische Bücher, darunter auch deutsche und englische.

 Dom Knigi, Newskij Prospekt 28, Berühmte Buchhandlung mit der größten Auswahl in St. Petersburg [s. Nr. 33].

Kunst und Kunstgewerbe

Lomonosovskii Porcelain Factory, Obukhovskoi Oboroni Prospekt 151, Tel. 812/560 85 44, www.lomonosov porcelain.ru. Edles Porzellan seit 1744. Mit ansprechendem Porzellanmuseum.

Puschkinskaja 10, Eingang am Ligowski Prospekt 53 (über den Hinterhof), www.p10.nonmuseum.ru. Kreatives Zentrum von St. Petersburg: In rund 40 Ateliers, Cafés, Museen und Läden trifft man auf Künstler, Musiker und Literaten. So kann man in der *Fishfabrique* (www.fishfabrique.spb.ru) Konzerten beiwohnen, bei *Baza* (www.baza.spb.ru) elektronische Tanzmusik auf Vinyl erwerben oder sich im *Nonkonformistischen Museum* (www.nonmuseum.ru) Ausstellungen zur Gegenwartskunst ansehen und mehr über die Kunstrichtung erfahren, die sich ab den 1960er-Jahren gegen den staatlich vorgeschriebenen Sozialistischen Realismus richtete.

Lebensmittel

Jelissejew, Newskij Prospekt 56. Köstliche Delikatessen im Jugendstil-Ambiente.

Märkte

Die offiziellen Märkte (Di–Sa 8–19, So bis 16 Uhr) mit Aufsicht und Standgebühr bieten meist Lebensmittel, Haushaltswaren und Kunstgewerbe. Markt heißt auf russisch ›Rinok‹.

Kusnetschnyj Rinok, Kusnetschnyj Pereulog 3, www.kuznechrin.sp.ru, Metro: Wladimirskaja, Mo–Sa 9–20, So 9–19 Uhr. Gut sortierter Lebensmittelmarkt in einer Halle mit großer Auswahl an Obst und Gemüse.

Souvenirmarkt, Konjuschenaja Ploschtschad, hinter der Christi-Auferstehungskirche. Metro: Gostinnij Dwor, tgl. 11–18 Uhr. Kunstgewerbe, Antiquitäten und Bilder.

Sytni Rynok, Sytninskaja Ploschtschad 3/5, nächste Metro: Gorkowskaja, Mo–Sa 8–19, So 8–16 Uhr, jeden letzten Montag im Monat geschl. Petersburgs ältester Markt (seit 1711) liegt in der Nähe der der Peter-und-Paul-Festung und bietet eine reiche Auswahl an Köstlichkeiten aus dem Süden: Pistazien, Litschi, Datteln, Passionsfrüchte und Nüsse.

■ Essen und Trinken

In St. Petersburg gibt es Spezialitäten wie Lachs und Kaviar an jeder Ecke. Doch eigentlich ist die russische Küche bäuerlich geprägt. **Vorspeisen** heißen ›Sakuski‹, recht variantenreich bieten sie gesalzenen Fisch (Heringe), Salate, Aufschnitt und die beliebten Gurken, natürlich Kaviar – entweder eine pikante rote Sorte oder die teure kleinperlige schwarze. Häufig gibt es dazu ›Blinij‹, Buchweizenpfannkuchen, mit saurer Sahne. Vor dem Hauptgericht isst man gerne eine **Suppe**. ›Schtschi‹ heißt die einfache Kohlsuppe aus Sauerkraut oder Weißkohl. Eher ländlich ist auch die deftige Soljanka mit Tomaten, Fleisch oder Fisch, Kohl, Gurken, Zwiebeln, manchmal auch mit Brot und Eiern. Borschtsch aus Fleisch, Roter Bete und Weißkohl ist schon etwas Feineres. Er wird mit saurer Sahne und frischen Kräutern verfeinert serviert.

Das bekannte **Fleischgericht** Bœuf Stroganow ist nach einer russischen Adelsfamilie benannt. Seine Grundzutaten sind Rinderfiletspitzen, Zwiebeln und saure Sahne, die wahlweise durch Champignons, Gewürzgurken oder Rote Beete ergänzt werden. Ein typisch russisches Gericht sind auch die schmackhaften Pelmeni, mit Hackfleisch gefüllte, gut gewürzte Teigtaschen, die ursprünglich aus Sibirien stammen. Sie werden in Wasser oder Brühe gekocht und mit saurer Sahne gegessen. Probieren sollte man auch das georgische Kebab, gebratene Hackfleischrollen, die in Fladenbrot gewickelt serviert werden. Die Fleischqualität in Russland ist jedoch z. T. bedenklich.

In St. Petersburg isst man gerne **Fisch** und die Zubereitung ist meist überaus delikat. Hering, Lachs, Zander oder Kabeljau werden öfter angeboten, auch Stör kann wunderbar munden.

Gemüse dient in der Regel als Beilage und umfasst das, was die Gärten hervorbringen, in gekochter Zubereitung und mit reichlich Fett angemacht. Rettung für Vegetarier und Feinschmecker sind **Pilzgerichte** (im Sommer und Herbst), oft aus Steinpilzen und Maronen der umliegenden Wälder.

Eine wahre Freude ist der **Nachtisch** (›Sladkoje‹). Da sind die ›Pirogij‹, süße und mit Obst gefüllt Küchlein, die ›Baba‹, mit Rum getränkte Hefekuchen, die ›Blinij‹, Pfannkuchen mit Marmelade, und das besonders gute Speiseeis. Auch die Wareniki, mit Quark oder Obst gefüllte Teigtaschen, sollte man sich nicht entgehen lassen.

Eine Lanze ist zu brechen für das schwere dunkle **Roggenbrot**, das so herrlich nach Sauerteig schmeckt und mit Butter oder Quark und einem Apfel dazu ein perfektes, gesundes Frühstück ergibt.

Das Nationalgetränk ist der **Wodka**. Er ist bekömmlich, wenn man nicht gerade die allerbilligste Sorte wählt. Außerdem gibt es – meist süßen – Schaumwein (Krimsekt), Fruchtsäfte, Bier (›Piwo‹) und süße Weine aus Georgien oder Armenien. Wenn man Glück hat, bekommt man auch einen trockenen georgischen (grusinischen) Rotwein serviert.

In Russland wird viel **Tee** getrunken. Typisch ist ist die Zubereitung im Samowar. Auch **Mineralwasser** erfreut sich immer mehr Beliebtheit. Im Sommer wird **Kwas** auf der Straße verkauft, ein Getränk, das durch Gärung aus Roggenbrot und Hefe entsteht.

Wer im Luxushotel speist, bekommt dort jederlei aus dem Westen importierte Lebensmittel und Getränke angeboten.

Restaurants

Die Restaurantauswahl in St. Petersburg ist international. Es wird aber auch gute russische Küche geboten. Allerdings sind die Lokale rar, in denen man es sich bei gemäßigtem Preisniveau schmecken lassen kann. Die üblichen **Öffnungszeiten** sind vom späten Vormittag bis gegen Mitternacht. Infos: www.restoran.ru.

 Adamant, Nabereschnaja Reki Moiki 72 (am Isaaksplatz), Tel. 812/571 55 75. Bus 3, O-Bus 5, 22. Zur exklusiven russischen Küche gehören hier Fisch, Kaviar, Fleisch und Getränke von bester Qualität.

Da Vinci, Malaja Morskaja Uliza 15, Tel. 812/315 93 34. Bus 3, O-Bus 5, 22. Italienische Köstlichkeiten in gemütlichem Klublokal mit Kabarett und Billardtischen.

Dawydow, im Hotel Astoria, Bolschaja Morskaja Uliza 39, Tel. 812/313 58 15. Bus 3, O-Bus 5, 22. Zum Jugendstil-Interieur kommt eine große Auswahl russischer Vorspeisen und Wodka-Sorten auf hohem Preisniveau.

Dostojewskij, Wladimirskij Prospekt 9, Tel. 812/572 22 33, www.goldengarden club.com, Metro: Wladimirskaja. Edles Restaurant mit feiner russischer Küche.

Garson, Newskij Prospekt 95, Tel. 812/277 24 67. Metro: Majakowskaja, Bus 3, 7, O-Bus 5, 7, 10, 22. Französisches Bistro-Menü mit traditioneller Käse-Auswahl und interessanten Hauptgerichten.

Grad Petrow, Universitetskaja Nabereschnaja 5, Tel. 812/326 01 37, www.die-kneipe.ru. Moderne deutsche Küche mit hausgemachtem Weißbier und Lagerbier, schöne Ziegelwände.

Graf Suworow, Lomonossow Uliza 6, Tel. 812/315 43 28. Metro: Gostinnij Dwor. Im rechten Seitenflügel des Palastes von Woronzow, dem Kanzler Katharinas II., gibt es Menüs nach historischen Rezepten jener Epoche.

Kaviar Bar, im Grand Hotel Europe, Michailowskaja Uliza 1/7, Tel. 812/329 66 37. Bus 3, 7, O-Bus 5, 5, 10, 22. In der exklusiven Jugendstil-Kulisse munden die Kaviar-Vorspeisen besonders gut. Der Saal ist Schauplatz großer Empfänge.

Kioto, Reki Kanala Fontanka 77, Tel. 812/310 25 47. O-Bus 17. St. Petersburgs erstes japanisches Restaurant mit Tatami-Saal und Business-Lunch.

Literaturnoje Kafe, Newskij Prospekt 18, Tel. 812/312 60 57. Metro: Newskij Prospekt (Ausgang zum Gribojedow-Kanal), Bus 3, 7, O-Bus 5, 7, 10, 22. Das berühmte Literatencafé des 19. Jh. bietet heute europäische Küche und dazu russische Klaviermusik.

 Na zdorovie!, Bolschoi Prospekt 13, Petrograder Seite 13/4, Tel. 812/232 40 39, www.concord catering.com. Straßenbahn 6, 40, O-Bus 7. Großer Popularität erfreuen sich die russischen und sowjetischen Speisekreationen dieses interessant gestalteten Restaurants. Zur Untermalung gibt es Zigeuner- und russische Volksmusik live. Reservierung wird empfohlen.

Old Customs House (Staraja Tamoschnaja), Tamoschennij Pereulok 1 (Strelka), Tel. 812/327 89 80, www.concordcatering.com. Metro: Newskij Prospekt, Bus 7, O-Bus 1, 7, 10. Das angenehme Restaurant in einem alten Gewölbe bietet russische und europäische Spezialitäten (auch vegetarische Gerichte) und als Zugabe gute Jazzmusik.

Sadko, Uliza Glinki 2, Tel. 812/920 82 28, www.probka.org. Moderne russische und europäische Küche gegenüber vom Mariinskij Theater.

Sakura, Reki Kanala Gribojedowa 12, Tel. 812/315 94 74. Metro: Newskij-Prospekt (Ausgang zum Gribojedow-Kanal). Japanische Gerichte, zubereitet vom Koch Takashi Yamamoto aus Tokio, auch Mittagsmenü.

Schwabskij Domik, Nowotscherkasskij Prospekt 28/17, Tel. 812/528 22 11. Metro: Nowotscherkasskaja. Etwas abseits vom Zentrum gelegen gibt es hier deutsche Küche und deutsches Bier sowie Kellnerinnen in schwäbischen Trachten.

Stroganowskij Dwor, Neswkij Prospekt 17, Tel. 812/315 23 15. Metro: Newskij Prospekt (Ausgang zum Gribojedow-Kanal), Bus 3, 7, O-Bus 5, 7, 10, 22. Glasuberdachtes Restaurant mit europäischen Menüs und Livemusik im Hof des prächtigen Stroganow-Palastes [s. Nr. 31].

 Taleon Klub, Nabereschnaja Reki Moiki 59, am Newskij Prospekt, Tel. 812/315 76 45, www.taleon.ru/en. Bus 3, 7, O-Bus 5, 7, 10, 14, 22. Gegessen wird wie bei den Zaren, empfehlenswert ist der sonntägliche Brunch im ehem. Jelissejew-Wohnpalast.

Tandoor, Wosnessenskij Prospekt, Tel. 812/312 53 10, O-Bus 5, 22. Indische Küche in exotisch stilisiertem Interieur.

The Idiot, Nabereschnaja Reki Moiki 82, Tel. 812/315 16 75. Gute vegetarische Speisen wie Pelmenis, hausgemachte Nudeln und Ratatouille.

Tinkoff, Uliza Kasanskaja, Tel. 812/718 55 66, www.tinkoff.ru/en. Metro: Newskij Prospekt (Ausgang zum Gribojedow-Kanal), Bus 3, 7, O-Bus 5, 7, 10, 22. Im besten Bierlokal der Stadt wählt der Gast zwischen 8 Sorten frisch vom Fass.

Tschaika, Reki Kanala Gribojedowa 14, Tel. 812/312 46 31. Metro: Newskij-Prospekt (Ausgang zum Gribojedow-Kanal), Bus 3, 7, O-Bus 5, 7, 10, 22. Deutsche und russische Küche in angenehmen Ambiente mit Musik. Bier vom Fass.

Außerhalb des Stadtzentrums
Zarskoje Selo: **Podworje**, Filtrowskoje Chosse 16, Pawlowsk, Tel. 812/466 85 44, www.podvorye.ru. Anfahrt vom Witebsker Bahnhof. Historische Bauernhofatmosphäre mit weißen Öfen, hölzernen Tischen und Bänken, gekocht wird nach alten russischen Rezepten.

Heimelig und ursprünglich: Restaurant Podworje in Zarskoje Selo

Staraja Baschnja (Alter Turm), Akademichesky pereulok 14, Pawlowsk, Tel. 812/466 66 98, www.podvorye.ru. Russische Küche in einer kleinen Filiale des Podworje-Restaurants. Mit Möbeln aus der Zeit vor dem Ersten Weltkrieg und historischen Fotos.

Feste und Feiern

Feiertage

Die ersten Tage des Jahres bis zum Orthodoxen Weihnachtsfest (1.– 5. Januar) sind arbeitsfrei. Weitere Feiertage: 23. Februar (Tag der Armee), 8. März (Internationaler Frauentag), Karfreitag/Ostern, 1. Mai (Tag der Arbeit), 9. Mai (Tag des Sieges), 12. Juni (Tag der Unabhängigkeit), 4. November (Tag der Nationalen Einheit), 7./8. November (Tag der Versöhnung).

Das **Weihnachtsfest** der Orthodoxen Kirche beginnt am 6. Januar um Mitternacht. Das kirchliche Hauptfest ist **Ostern** (Pas'cha), mit dem Gruß-Ritus um Mitternacht vor dem Ostersonntag: »Christ ist erstanden« – »Wahrlich, Christus ist erstanden«.

TOP TIPP **Die Weißen Nächte** sind als festlichste Spanne im Jahreslauf zu erleben, wenn zwischen Ende Mai und Ende Juni/Anfang Juli die Sonne kaum mehr unter dem Horizont verschwindet und fast rund um die Uhr Leben und Trubel herrscht auf St. Petersburgs Straßen und Brücken.

Kinder und Jugendliche

Museen

Richtige Märchenschlösser sind die Zarenschlösser in Peterhof [Nr. 87] und Zarskoje Selo [Nr. 112]. Eindrucksvoll ist die Fahrt dorthin über das Meer. Freude bereiten auch die vielen Fontänen in Peterhof, es gibt sogar sogenannte Scherzfontänen, die unerwartet aus dem Boden hochspritzen.

Für Jugendliche sind die Ethnografischen Museen [Nr. 41, 79] mit ihren zum Teil unheimlichen Exponaten empfehlenswert.

Parks

Zum Herumtollen eignen sich die zentral gelegenen Parks, z. B. der Sommergarten.

Die Scherzfontänen von Peterhof spritzen genau dann, wenn man es nicht erwartet

Karussells findet man im Taurischer Park (Metro: Tschernitschewskaja), im Park Pobedij (Metro: Park Pobedij) und im Komsomol-Park (Metro: Narwskaja). Für schöne Spaziergänge im Grünen bieten sich auch die Jelagin- und die Kreuzinsel an. Der Zoo ist für sensible Tierfreunde weniger erfreulich.

Straßen und Plätze

Am Newskij Prospekt und auf dem Schlossplatz kann man häufig Artisten mit ihren Kunststücken zuschauen.

Theater und Zirkus

Puppen- und Marionetten-Theater, Newskij Prospekt 52, Tel. 812/571 21 56, 15. Sept.–1. Juni geöffnet.

Zirkus, Nabereschnaja Reki Fontanki 3, Tel. 812/314 84 78, www.circus.spb.ru, Metro: Gostinnij Dwor, Newskij Prospekt

Am Wasser

Bootsfahrten auf Kanälen und Flüssen sind beliebt. Abfahrt an der Anitschkow-Brücke, kleinere Boote starten auch vom Kreuzungspunkt Newskij Prospekt/Moika. Außerhalb, vor allem nördlich der Stadt, laden viele Seen zum Baden ein (mit Nahverkehrszügen erreichbar).

Ein ganz großes Kindererlebnis ist es, in den Weißen Nächten sehr lange aufbleiben zu dürfen und das Öffnen der Klappbrücken zu erleben. Im Winter: Schlittschuhe mitbringen!

▮ Klima und Reisezeit

Die günstigste **Reisezeit** dauert vom Frühjahr (meist sonniger März!) bis gegen Ende September. St. Petersburg hat **Seeklima** mit kontinentalen Einwirkungen, das bedeutet in der Regel kalte Winter. Im Sommer steigen die Temperaturen auf bis zu 30 °C. Die meisten Niederschläge fallen im August, die geringsten im März, der aber noch kräftig kalt ausfallen kann. Die ersten Nachtfröste gibt es schon in der zweiten Septemberhälfte.

St. Petersburg liegt auf dem gleichen Breitengrad wie Oslo, das verursacht extrem lange Nächte im Winter und sehr lange Helligkeit von Ende Mai bis Ende Juni. Diese **Weißen Nächte** sind die beliebteste Reisezeit.

Klimadaten St. Petersburg

Monat	Luft (°C) min./max.	Wasser (°C)	Sonnen-std./Tag	Regen-tage
Januar	-8/-5	1	0	9
Februar	-8/-5	0	1	8
März	-4/-1	0	4	7
April	3/7	1	5	8
Mai	10/14	5	8	8
Juni	15/19	12	9	10
Juli	18/22	17	9	9
August	17/20	16	7	11
September	11/14	12	4	11
Oktober	5/7	8	2	10
November	0/2	5	1	10
Dezember	-4/-3	2	0	10

Quelle: Deutscher Wetterdienst, Offenbach

▮ Kultur live

Kartenvorverkauf

Da die Vorstellungen oft ausverkauft sind, besorgt man sich die Karten am besten im voraus. Außer in den Theatern ist dies an den **Kiosken** (›Teatralnaja Kassa‹) im Zentrum und bei der **Zentralen Vorverkaufsstelle** (Newskij Prospekt 42, gegenüber dem Gostinnij Dwor, Tel. 812/311 31 83) möglich. Sehr guten Service bietet die **Maximilian-Theaterkasse**, (auf der Wassiljewskij-Insel, Linie 12, Haus 13, Zimmer 5, Tel. 812/327 14 14). Hier spricht man auch deutsch. Wer Russisch spricht, kann auch Karten über das Internet bestellen: www.reserve.sp.ru.

Oper und Ballett

St. Petersburgs Operntradition ist weltberühmt, glanzvolle Uraufführungen fanden hier statt. Auch heute noch ist das Niveau sehr gut.

Mariinskij-Theater, Teatralnaja Ploschtschad 1/2, Tel. 812/326 41 41, www.mariinskiy.com

Mussorgskij-Theater, Ploschtschad Iskusstw, Tel. 812/314 31 62, www.mikhailovsky.ru, nächste Metro: Gostiny Dwor/Newski Prospekt

Schauspiel

St. Petersburg ist eine Theaterstadt. Es gibt viele sehr gute Schauspieler, auch auf kleineren Bühnen.

Alexandrinskij-Theater, Alexandrinskaja Ploschtschad 2, Tel. 812/110 41 03, www.alexandrinsky.ru

BDT – Bolschoj Dramatitscheskij Teatr, Nab. Reki Fontanki 65, Tel. 812/310 04 01, www.bdt.spb.ru

Komissarschewskoi-Teatr, Italjanskaja Uliza 19, Tel. 812/315 53 55, www.teatrvfk.ru

Konzertsäle

Ledowy Dworez, Uliza Pjatiletok 11, Tel. 812/718 66 20, www.newarena.spb.ru, Metro: Prospekt Bolschewikow. Eispalast mit 11 000 Sitzplätzen, Schauplatz vieler Konzerte.

Konservatorium (Rimskij-Korsakow-Theater), Teatralnaja Ploschtschad 3, Tel. 812/314 96 93, www.conservatory.ru. Klassische Konzerte.

Mariinskij-Konzertsaal, Uliza Pisarewa/ Uliza Dekabristow, Tel. 812/326 41 41, www.mariinsky.ru. Moderner Neubau von 2006 mit sehr schönem Klang. Die Fassaden des Schröterschen Industriebacksteinbaus, in dem das Magazin des Mariinskij-Theaters 2003 ausbrannte, wurden dabei erhalten.

Malyj Sal Filarmonii Glinka, Newskij Prospekt 30, Tel. 812/717 83 33, www.philharmonia.spb.ru. Kleiner Saal der Philharmonie.

Oktjabrskij-Konzerthalle, Ligowskij Prospekt 6, Tel. 812/275 12 73, www.bkz.sp.ru. Klassische Konzerte, Pop und Rock.

Schostakowitsch Filarmonia, Michailowskaja Uliza 2, Tel. 812/311 73 33, www.philharmonia.spb.ru

Teatr Osobnjak, Kammennoostrowsky Prospekt 55, Tel. 812/234 15 31, www.osobnjak.ru. Experimentelle Interpretationen klassischer und moderner Stücke.

Galerien

Arka, Bolschaja Morskaja 6, in der Nähe des Dwortsowaja Ploschtschad (Schlossplatz), Tel. 812/312 40 12, Metro: Newskij Prospekt

Ars Magna Photogallery, Kamennoostrowskij Prospekt 26/28, Wohnung 45, Tel. 812/232 45 35

Marina Gisich Gallery, Fontanka 121, Wohnung 13, Tel. 812/314 43 80, www.gisich.com

Tanzfreuden bei einem Konzert in der Fish Fabrique

Der Klassiker von Pjotr Tschaikowskij: ›Schwanensee‹ im Teatr Musykalnoj Komedii

Festivals

Im März findet das **International Festival of Arts ›From the Avant-garde to the present day‹** (www.mariinskiy.com) statt, bei dem auf den renommierten Bühnen der Stadt klassische Konzerte gespielt werden. Im April kann man sich beim **International Ballet Festival ›Mariinsky‹** (www.mariinskiy.com) im Mariinskij Theater berühmte Ballette ansehen. Von Mitte Mai bis Mitte Juni werden die Weißen Nächte beim dem **Festival der Sterne der Weißen Nächte** (Festival Zvezdy belyx nochej, www.mariinskiy.com) mit Konzerten, Opern und Theateraufführungen begleitet. Im Juni zeigt das **Festival der Festivals** (Kamennoostrowsky Prospekt 10, Tel. 812/237 03 04, www.filmfest.ru/de) aktuelle internationale und russische Filme. Die beste Produktion wird mit dem ›Goldenen Greif‹ ausgezeichnet.

◼ Nachtleben

St. Petersburg ist eine Stadt des Jazz und der Rockmusik. Die Adressen, wo gute Musik geboten wird, wechseln rasch. Hier eine kleine Auswahl:

Caféclub Che, Poltowskaja Uliza 3, Tel. 812/717 76 00, www.cafeclubche.ru. Café, Restaurant, Bar und Jazzclub in Einem.

Cynic Bar, Pereulok Antonenko 4, Tel. 812/312 95 26, www.cynic.spb.ru. Schräge Bierbar mit studentischem Publikum.

Fish Fabrique, Uliza Puschkinskaja 10, Eingang: Ligowski Prospekt 53 (über den Hinterhof), Tel. 812/164 48 57, www.fishfabrique.spb.ru. Alternativer Szeneklub für Rockkonzerte.

GEZ-21, Uliza Puschkinskaja 10, Eingang: Ligowski Prospekt 53 (über den Hinterhof), Tel. 812/764 52 58, www.tac.spb.ru. Experimentelle Sounds, Rockkonzerte und Filme.

Gribojedow, Woroneshskaja Uliza 2 a, Tel. 812/764 43 55, www.griboedovclub.ru, Metro: Ligowski Prospekt. Verrauchter Kellerklub in einem ehemaligen Bunker mit guten Liveshows und Disko.

TOP TIPP **Jazz Philharmonic Hall**, Sagorodnij Prospekt 27, Tel. 812/764 85 65, www.jazz-hall.spb.ru, Metro: Wladimirskaja. Konzerthaus für Mainstreamjazz und Dixieland mit einer Prise Blues.

JFC Jazz Club, Spalernaja Uliza 33, Tel. 821/272 98 50, www.jfc.sp.ru. Innovativer Jazzclub mit Bar.

Metro Club, Ligowskij Prospekt 174, Tel. 812/766 02 11, www.metroclub.ru. Größte Diskothek St. Petersburg. Auf drei Etagen gibt es Techno, House und Euro-Dance. Auch russische Popmusik kann man hier erleben.

Tribunal, Ploschtschad Dekabristow 1, Tel. 812/311 16 90, www.tribunal.ru. Russischer Pop und ein wenig Rock.

Tri El (3 L), Sowjetskaja Uliza 45/5, Tel. 812/710 20 16, www.triel.spb.ru,

Metro: Ploschtschad Wosstanija. Wahrscheinlich der einzige rein lesbische Club in ganz Russland.

Tsentralnaja Stanzija (Central Station), Uliza Lomonossow 1/28, Tel. 812/312 36 00, www.centralstation.ru, Metro: Newskij Prospekt/Gostinyi Dwor. Gay Club.

Tunnel, Uliza Zverinskaya 2 b, Tel. 812/233 40 15, www.tunnelclub.ru. Russlands erster Technoklub bietet House, Techno, Breakbeats und Drum'n'bass.

■ Sport

Banja und Health Centre

Im **Banja**, im Badehaus, legen viele Russen mit ihren Kleidern auch die Last des Lebens ab. Wechselnd zwischen Kälte und Hitze verbringen sie Stunden – Anfänger allerdings sollten nicht viel länger als fünf Minuten in der **Parilka**, dem Heißluftraum, bleiben. St. Petersburg hat eine Anzahl öffentlicher Banjas, in denen übrigens Männer und Frauen grundsätzlich getrennt bleiben. Handtuch, Seife und Badeschuhe sind in der Regel mitzubringen, die Ausstattung der Baderäume mutet sehr bescheiden an, die Badewärter sprechen meist nur Russisch. Wer auf gewohnten Bade- und Sportkomfort nicht verzichten will, bucht in den Luxushotels oder sucht dort Zutritt – das **Nevskij Palace** [s. S. 131] hat ein Fitness and Relaxation Centre mit Whirlpool, Sauna und Solarium, das **Grand Hotel Europe** [s. S. 131] seinen Health Club, und auch im **Pribaltiskaja** [s. S. 131] kann man baden.

Schlittschuhlaufen

Im Winter werden in St. Petersburg gern die Kufen angeschnallt. Bevorzugte Plätze für elegante Spazierfahrten sind der zugefrorene Newa-Seitenarm zwischen Peter-und-Paul-Festung und Kronwerk und die Teiche im Park des Taurischen Palastes [Nr. 101].

Schwimmen

Der exotischste Sport der St. Petersburger ist sicherlich das winterliche Eisbaden in der Newa. Wer es etwas wärmer mag, ist in Petersburgs erstem Badepark **Waterville** (Uliza Korablestroitelej 14, hinter dem Hotel Pribaltiyskaja, Tel. 812/324 47 00, www.waterville.ru, tgl. 9–23 Uhr) gut aufgehoben. Hier hat man die Qual der Wahl zwischen Whirlpools und Wellenbad, einem Tauchbecken mit Fisch-Aquarien und einer Piratengrotte, einer Kletterwand und vielen Rutschen.

Tennis

Im Sommer kann man Tennisplätze beim **Hotel Pulkowskaja** [s. S. 131] oder im ältesten Tennisklub der Stadt mieten, der in einem schönen Park auf der Kreuzinsel liegt. Infos:

Tennis Club Burevestnik, Konstantinowskij Prospekt, Tel. 812/235 04 07

■ Stadtbesichtigung

Für den ersten Überblick über die Vielzahl der Inseln, Newa-Arme, Plätze und Prospekte ist eine **Stadtrundfahrt** sehr empfehlenswert. Bei Pauschalreisen ist sie meistens inbegriffen, ansonsten kann man sich an die Tourismusämter [s. S. 120] wenden.

Eine reizvolle Alternative zum Bus ist in St. Petersburg das **Schiff**. Es werden vor allem die beiden Touren ›Fontanka i Newa‹ (bis zur Strelka hinaus) und ›Reki i Kanali‹ (Flüsse und Kanäle) angeboten. Zentrale Abfahrt ist die Anitschkow-Brücke[s. S. 120]. Man findet jedoch im Stadtzentrum alle 200 m Anlegestellen, bei denen man bequem zusteigen kann.

Wer des Englischen mächtig ist, ist bei **Peter's Walking Tours** (www.peterswalk.com) gut aufgehoben. Hier kann man zwischen 15 Thementouren (z. B. Dostoyevsky Walk, Pub Crawls, Rasputin Walk) wählen und die Stadt entdecken.

■ Statistik

Bedeutung: In den Jahren 1712–1717 und 1723–1918 war St. Petersburg die Hauptstadt des Russischen Reiches. Heute ist es die zweitgrößte Stadt der Russischen Föderation (RF) und neben Moskau das wichtigste industrielle, kulturelle und wissenschaftliche Zentrum.

Lage: Die ursprünglich in einem Sumpfgebiet gebaute Stadt liegt an der Mündung der Newa in die Kronstädter Bucht des Finnischen Meerbusens. Die Stadt besteht aus 42 Inseln. Geografische Koordinaten: 59° 56' nördlicher Breite, 30° 16' östlicher Länge, 2–10 m über dem Meeresspiegel.

Wirtschaft: Industriezentrum (Maschinen-, Schiffs-, Flugzeug- und Kraftwerksbau, Elektrokonzern, feinmechanische Industrien, Erdölraffinerie und Atomkraftwerk). Wichtigster russischer Seehafen.

Einwohnerzahl: 4,2 Mio., mit den Vororten 4,7 Mio. Einwohner, mit Angehörigen von über 100 ethnischen Gruppen.

Stadtgebiet: 1429 km² Fläche im Großraum.

Stadtwappen: Zwei Anker mit Zepter, Krone und Doppeladler.

Stadtpatron: Alexander Newskij.

■ Unterkunft

Man kann nobel wohnen und man findet preiswerte Privatquartiere. Mangel herrscht noch an soliden Mittelklassehotels. In der Hochsaison werden die Preise häufig spontan angehoben, auch bei Vorausbuchung. Gruppenreise-Arrangements sind oft günstiger!

Hotels

Luxushotels

Corinthia Nevskij Palace Hotel, Newskij Prospekt 57, Tel. 812/380 20 01, Fax 812/380 19 37, www.corinthiahotels.com. Hinter den erneuerten Newskij-Prospekt-Fassaden des 19. Jh. steckt effiziente Moderne mit gläsernem Lichthof und Einkaufspassage und sechs Restaurants, – darunter das Dachrestaurant ›Landskrona‹ – sowie Bars und Health Club.

 Grand Hotel Europe, Newskij Prospekt/Michailowskaja Ulitza 1/7, Tel. 812/329 60 00, Fax 812/329 60 01, www.grand-hotel-europe.com. 1991 als erstes Fünf-Sterne-Hotel des Landes unter schwedischer Regie wieder eröffnet, in einem Gebäude von 1824 mit Fassade von Carlo Rossi. Die Ausstattung mit antiken Möbeln und Bildern sowie die exzellente Lage am Platz der Künste sprechen für sich. Außerdem verfügt das Hotel über einen Health Club, Swimmingpool, Business Centre sowie sechs Restaurants von sehr guter Qualität.

Hotels der gehobenen Preisklasse

Alexander House, Nabereschnaja Kryikowa Kanala 27, Tel. 812/259 68 77, Fax 812/259 68 79, www.a-house.ru. 16 individuell gestaltete, nach internationalen Städten benannte Räume.

Astoria, Bolschaja Morskaja Uliza 39, Tel. 812/313 57 57, Fax 812/315 96 68, www.astoria.hotels.spb.ru. Direkt bei der St.-Isaaks-Kathedrale gelegen, umfasst das Hotel auch das benachbarte ehem. ›Angleterre‹. Mit mehreren Restaurants und einem Nachtklub.

Mittelklassehotels

Azimut, Lermontowskij Prospekt 43/1, Tel. 812/740 26 40, www.azimuthotels.ru, Straßenbahn 29. Komfortables Hotel im Zentrum, am westl. Ufer der Fontanka.

Korona-Guest-Center, Konytschennaja Uliza 7, Tel. 812/571 00 86, www.korona-spb.com/eng. Nahe der Kathedrale der Muttergottes von Kasan im zweiten Stock eines Gebäudes von 1752.

Matisov Domik, Nabereschnaja Reki Prjaschkij 3/1, Tel. 812/495 14 39, Fax 812/495 24 19, www.matisov.com. Das Hotel, 10 Min. Fußweg vom Mariinskij-Theater entfernt, verfügt über 32 Zimmer. Die Atmosphäre ist familiär, der Service sehr ordentlich. Hinzu kommt eine hauseigene Sauna. Unbedingt frühzeitig reservieren.

Moskwa, Ploschtschad Alexandra Newskogo 2, Tel. 812/274 00 22, Fax 812/274 21 30, www.hotel-moscow.ru, Metro: Ploschtschad Aleksandra Newskogo. Großhotel mit 735 meist renovierten Zimmern, zentrumsnah gelegen.

Pribaltiyskaya, Korablestroitelej Uliza 14, Tel. 812/329 24 30, www.pribaltiyskaya.ru, Metro: Primorskaja, Bus 7, 41, 128, 151, 152. In den Mammutdimensionen der Sowjetära als Luxushotel nahe dem Finnischen Meerbusen erbaut. Mit 1200 klimatisierten Zimmern auf 16 Stockwerken auch heute noch das größte Hotel der Stadt. Komfortabel.

Pulkovskaya, Ploschtschad Pobedij 1, Tel. 812/123 51 22, Fax 812/264 63 96, www.pulkovskaya.ru, Metro: Moskowskaja. Modernes, großes Komforthotel mit Restaurants und Bars auf halbem Weg zum Flughafen. Sauna im Haus.

Einfache Hotels

All Seasons Hostel, 11, Yakovlevskiy Pereulok, 4. Etage, Tel. 812/327 10 70, Fax 812/327 10 33, www.hostel.ru, Metro: Park Pobedy. Von der U-Bahn 10 Minuten Fußweg. Im Süden der Stadt gelegenes Hostel mit einfacher Ausstattung. Zimmer mit 1–6 Betten, Jugendherbergsstil im Schlafsaal, freundlich.

Abendstimmung auf der Newa

Minihotels, Nabereschnaja Kanala Gribojedowa 29, Tel./Fax 812/310 49 46, www.petersburg-hotel.com. Die zwei zentral gelegenen Minihotels sind helle und ruhige, großzügige Wohnungen.

Nevsky Hotels, Nevskij Prospekt 90 und 91, Bolschaja Konuschennaya Uliza 14, 22 und 25 sowie Nabereschnaja Reki Moiki 5, Tel. 812/103 38 60, Fax 812/103 38 61, www.hon.re. Sechs kleinere Hotels im Zentrum mit komfortabler Ausstattung und zentraler Buchung.

Privatunterkünfte

Die Preise pro Person/Nacht liegen umgerechnet bei 20–40 € für Übernachtung und Frühstück, für eine Wohnung je nach Größe und Lage bei 40–80 € (ohne Verpflegung). Oft sind gegen Zuzahlung auch Vollpension, Stadtführungen oder Privatwagen zu haben. Infos:

HOFA Host Families Association, Uliza Tavricheskaja 5–25, Tel./Fax 812/275 19 92, www.hofa.ru. Seit Jahren bewährt. Vermittelt Privatzimmer und Apartments.

Mini-Hotels, Tel. 812/272 27 42, www.mini-hotels.russiarent.com. Vermittlung von Unterkünften mit gutem Service und moderaten Preisen.

■ Verkehrsmittel

Bus, O-Bus und Straßenbahn

Der Großteil des inneren Stadtgebiets ist durch die Metro abgedeckt, doch manche Gegenden sind nur mit Bus oder Straßenbahn zu erreichen. Tickets bekommt man an Kiosken oder auch beim Fahrer (Verkauf immer zehnstückweise), sie sind nach unseren Maßstäben sehr billig. Nachteilig ist dagegen die häufige Änderung der Streckenführung und die zu Stoßzeiten extreme Überfüllung des ohnehin abgebrauchten Wagenparks.

Im Stadtzentrum lösen private Kleinbusse mehr und mehr die städtischen Straßenbahn- und Busverbindungen ab, auf höherem Preisniveau.

Metro

Wer hier nicht Metro gefahren ist, kennt St. Petersburg eigentlich nicht. Mit einem **Jeton** kann man beliebig weit fahren und beliebig oft umsteigen. Bei längerem Aufenthalt ist eine **Monatskarte** noch bequemer. Wegen der vielen Wasserläufe liegen die Metroschächte sehr tief. Entsprechend lang sind die Rolltreppen, die – im Vergleich zu westeuropäischem Standard – mit hoher Geschwindigkeit laufen. In der St. Petersburger Metro herrscht Fotografierverbot.

Mietwagen

Der Verkehr ist nicht so dicht wie in westeuropäischen Großstädten, trotzdem kann es Nerven kosten, selbst am Steuer zu sitzen – wegen des oft abenteuerlichen russischen Fahrstils und des teils desolaten Straßenzustands. Dem Stil, in dem die Verkehrspolizei (GAI) vermeintliche Verstöße mit sofort zahlbaren Bußgeldern ahndet, ist eine gewisse Willkür eigen – gegenüber Einheimischen wie Ausländern.

Für Mitglieder bietet die **ADAC-Autovermietung GmbH** günstige Bedingungen. Buchungen über Tel. 018 05/31 81 81 (0,14 €/Min.) oder die ADAC-Geschäftsstellen. Zudem kann man von allen großen Hotels aus ein Auto mieten.

Taxi

Offizielle Taxen sind mit Taxametern ausgestattet, der Fahrpreis wird wegen der Rubelentwertung allerdings mit einem Multiplikationsfaktor errechnet. Taxiruf Tel. 068 oder Tel. 007. Neben Taxis mit offiziellem Kilometerpreis sind außerdem private Taxis zu überhöhten Preisen unterwegs. Es ist ratsam, sich vorher im Hotel zu erkundigen, was eine Strecke kosten sollte.

Metro St. Petersburg Ⓜ

Komendantskij Aerodrom
Комендантский Аэродром

Parnas
Парнас

Dewjatkino
Девяткино

Prospekt Prosweschtschenija
Проспект Просвещения

Graschdanskij Prospekt
Гражданский Проспект

Staraja Derewnja
Старая Деревня

Oserki
Озерки

Akademitscheskaja
Академическая

Krestowskij Ostrow
Крестовский Остров

Udelnaja
Удельная

Politechnitscheskaja
Политехническая

Pionerskaja
Пионерская

Pl. Muschestwa
Пл. Мужества

Tschkalowskaja
Чкаловская

Tschornaja Retschka
Чёрная Речка

Lesnaja
Лесная

Sportiwnaja
Спортивная

Petrogradskaja
Петроградская

Wyborgskaja
Выборгская

Primorskaja
Приморская

Gorkowskaja
Горьковская

Pl. Lenina
Пл. Ленина

Wassileostrowskaja
Василеостровская

Tschernischewskaja
Чернышевская

Newskij Prospekt
Невский Проспект

Majakowskaja
Маяковская

Admiraltejskaja
Адмиралтейская-

Gostinij Dwor
Гостиный Двор

Pl. Wosstanija
Пл. Восстания-

Sadowaja
Садовая-
Sennaja
Ploschtschad
Пл. Сенная

Wladimirskaja
Владимирская

Dostojewskaja
Достоевская

Technologitscheskij Institut
Технологический Институт-

Ligowskij Prospekt
Лиговский Проспект

Pl. Aleksandra Newskogo
Пл. Александра Невского

Puschkinskaja
Пушкинская

Baltijskaja
Балтийская

Frunsenskaja
Фрунзенская

Jelisarowskaja
Елизаровская

Nowotscherkasskaja
Новотсцеркасская

Narwskaja
Нарвская

Moskowskije Worota
Московские Ворота

Lomonossowskaja
Ломоносовская

Ladoschskaja
Ладожская

Kirowskij Sawod
Кировский Завод

Elektrosila
Электросила

Proletarskaja
Пролетарская

Prospekt Bolschewikow
Проспект Большевиков

Awtowo
Автово

Park Pobedij
Парк Победы

Obuchowo
Обухово

Uliza Dybenko
Улица Дыбенко

Leninskij Prospekt
Ленинский Проспект

Moskowskaja
Московская

Prospekt Weteranow
Проспект Ветеранов

Swesdnaja
Звездная

Rybazkoje
Рыбацкое

Narodnaja
Народная

Kuptschino
Купчино

1 **2** **3** **4**

● Kirowsko-Wyborgskaja Linie
Кировско-Выборгская Линия

● Newsko-Wassileostrowskaja Linie
Невско-Василеостровская Линия

○ U-Bahn in Bau
Станция стпоутская

● Moskowsko-Petrogradskaja Linie
Московско-Петроградская Линия

● Prawoberezhnaja Linie
Правобережная Линия

Sprachführer

Russisch für die Reise

■ Das Wichtigste in Kürze

Ja / Nein	[da/njet]	Да/Нет
Bitte / Danke	[spassíba]	Спасибо
Gut/In Ordnung!	[harashó]	Хорошо!
Entschuldigung!	[iswiníjte]	Извините!
Wie bitte?	[pavtaríte, pazhálujsta]	Повторите, пожалуйста?
Ich verstehe Sie (nicht).	[ja vass (ne) panimáju]	Я Вас (не) понимаю.
Ich spreche nur wenig Russisch.	[ja plóha pa rússki gavarjú]	Я плохо по-русски говорю.
Ich komme aus Deutschland / Österreich / der Schweiz.	[ja is germánii / ávstrii / shwejzárii]	Я из Германии / Австрии / Швейцарии.
Können Sie mir bitte helfen?	[wyj mózhitje mnje pazhálujsta pamóch`]	Вы можете мне, пожалуйста, помочь?
Das gefällt mir (nicht).	[éta mnje (ne) nráwitsja]	Это мне (не) нравиться.
Ich möchte …	[ja hachú]	Я хочу …
Wie viel kostet …	[sskól`ka sstóit]	Сколько стоит …?
Kann ich mit Kreditkarte bezahlen?	[mózhno mnje praiswjesstí aplátu kredítnaj kártochkaj]	Можно мне произвести оплату кредитной карточкой?
Guten Morgen!	[dóbraje útro]	Доброе утро!
Guten Tag!	[dóbryj den`]	Добрый день!
Guten Abend!	[dóbryj wécher]	Добрый вечер!
Gute Nacht!	[sspakójnaj nóchi]	Спокойной ночи!
Hallo! / Grüß dich!	[sdarówa / sdrávstwuj]	Здорово! / Здравствуй!
Wie ist Ihr Name, bitte?	[kak wass sawút]	Как Вас зовут?
Mein Name ist …	[menjá sawút]	Меня зовут …
Auf Wiedersehen!	[da sswidánija]	До свидания!
Bis morgen!	[da sávtra]	До завтра!
gestern/heute/morgen	[vcherá/ssewódnja/sávtra]	вчера/сегодня/завтра
am Vormittag/am Nachmittag	[pa utrám/pósle abjéda]	по утрам / после обеда
am Abend / in der Nacht	[wécheram / nóchju]	вечером/ночью
um 1 Uhr/um 2 Uhr …	[w ádin chas / w dwá chasá]	в один час \ в два часа …
um Viertel vor … (nach) …	[bes chetwertí … (… chetwert`)]	без четверти и … (… четверть)
um … Uhr 30	[v … chas(ov) trítzat`]	в … час(ов) тридцать
Minute(n)/Stunde(n)	[minúta(y)/chas(ý)]	минута(ы)/час(ы)
Tag(e)/Woche(n)	[den`(dni)/nedjélja (-i)]	день (дни)/неделя (-и)
Monat(e)/Jahr(e)	[méssjaz(y)/god(a)]	месяц(ы)/год(а)

■ Wochentage

Montag	[panedjél`nik]	понедельник
Dienstag	[vtórnik]	вторник
Mittwoch	[ssredá]	среда
Donnerstag	[chetwjérg]	четверг
Freitag	[pjátniza]	пятница
Samstag	[ssubóta]	суббота
Sonntag	[wosskressjénje]	воскресенье

■ Zahlen

0	[nol`]	ноль		19	[dewjatátzat`]	девятнадцать
1	[adín]	один		20	[dwatzat`]	двадцать
2	[dwa]	два		21	[dwátzat` adín]	двадцать один
3	[tri]	три		22	[dwatzat` dwa]	двадцать два
4	[chetýre]	четыре		30	[trítzat`]	тридцать
5	[pjat`]	пять		40	[ssórak]	сорок
6	[shjest`]	шесть		50	[pjatdjesját`]	пятьдесят
7	[ssjem`]	семь		60	[shjést`dessját`]	шестьдесят
8	[wóssjem`]	восемь		70	[ssjém`dessját`]	семьдесят
9	[déwjat]	девять		80	[wósjem`dessját`]	восемьдесят
10	[déssjat`]	десять		90	[dewjanósta]	девяносто
11	[adínnatzat`]	одиннадцать		100	[sto]	сто
12	[dwenátzat`]	двенадцать		200	[dwésta]	двеста
13	[trinátzat`]	тринадцать		1000	[adná týssjacha]	одна тысяча
14	[chetýrnatzat`]	четырнадцать		2000	[dwe týssjach]	две тысячи
15	[pjatnátzat`]	пятнадцать		10 000	[déssjat` týssjach`]	десять тысяч
16	[shest`nátzat`]	шестьнадцать		100 000	[sto týssjach`]	сто тысяч
17	[ssjem`nátzat`]	семьнадцать		¼	[chétwjert`]	четверть
18	[wasjem`nátzat`]	восемьнадцать		½	[palawína]	половина

Monate

Januar	[janwár`]	январь
Februar	[vewrál`]	февраль
März	[mart]	март
April	[aprél`]	апрель
Mai	[maj]	май
Juni	[jun`]	июнь
Juli	[jul`]	июль
August	[áwgust]	август
September	[ssentjábr`]	сентябрь
Oktober	[akktjábr`]	октябрь
November	[najábr`]	ноябрь
Dezember	[dekábr`]	декабрь

Maße

Kilometer	[kilamjétr]	километр
Meter	[mjetr]	метр
Zentimeter	[ssantimjétr]	сантиметр
Kilogramm	[kilagrám]	килограмм
Gramm	[gram]	грамм
Liter	[litr]	литр

Unterwegs

Nord/Süd/West/Ost	[ssjéwer/jug/sápad/wasstók]	север/юг/запад/восток
geöffnet/geschlossen	[atkrýta/sakrýta]	открыто/закрыто
geradeaus/links/rechts/zurück	[prjáma/wléwa/sspráwa/nasád]	прямо/влево/справа/назад
nah/weit	[blísska/dalekó]	близко/далеко
Wie weit ist das?	[éto dalekó otssjúda]	Это далеко отсюда?
Wo sind die Toiletten?	[gdje nahódjatsja tualéty]	Где находятся туалеты?
Wo ist die (der) nächste …	[gdje nahóditsja blizhájshaja …	Где находится ближайшая…
Post/Bank/	póchta/blizhájshij bank/	почта/ближайший банк/
Polizei?	blizhájshij polizjéjskij	ближайший полицейский
	uchástak]	участак?
Bitte, wo ist …	[skazhíte pazhálujssta, gdje	Скажите пожалуйста, где
	nahóditsja	находится
der Flughafen/der Fährhafen/	aerapórt/parómny port/	аэропорт/паромный порт/
der Bahnhof/	zheljésnadorózhnyj waksál/	железнодорожный вокзал/
der Busbahnhof	avobussnyj waksál/	автобусный вокзал/
die Metrostation?	stánzija metró]	станция метро?
Wo finde ich …	[gdje nahóditsja …	Где находится …
eine Apotheke/den Markt?	aptjéka/rýnak]	аптека/рынок?
Ich möchte mit …	[ja hatél by pajéhat` …	Я хотел бы поехать …
dem Bus/dem Schiff/	na avtóbussje/na parahódje/	на автобусе/на пароходе/
der Straßenbahn	na tramwáje]	на трамвае.
nach … fahren.		
Ich möchte eine Anzeige erstatten.	[ja hatél by sdjélat` sajawlénije]	Я хотел бы сделать заявление.
Man hat mir …	[u menjá ukráli …	У меня украли …
Geld/die Tasche/	dén`gi/ssúmku/	деньги/сумку/
die Papiere/die Schlüssel/	dakumjénty/kljuchí/	документы/ключи/
den Fotoapparat/	fótaaparát/	фотоаппарат/
den Koffer gestohlen.	chemadán]	чемодан.
Verständigen Sie bitte	[ssaabshchítje pazhalújsta	Сообщите пожалуйста
das Deutsche Konsulat.	w nemjézkaje kónsul`stwa]	в немецкое консульство.

Bank, Post, Telefon

Ich möchte Geld wechseln.	[ja hatél by pamenját` dén`gi]	Я хотел бы поменять деньги.
Brauchen Sie meinen Ausweis?	[wam núzhen moj pásspart]	Вам нужен мой паспорт?
Ich möchte eine	[wam neabhadíma sswajasát`sja	Мне необходимо связаться
Telefonverbindung nach …	pa telefónu]	по телефону …
Wo gibt es …	[gdje mózhna priobresstí …	Где можно приобрести …
Telefonkarten/	telefónnuju kártochku/]	телефонную карточку/
Briefmarken?	pachtówyje márki]	почтовые марки?

Tankstelle

Wo ist die nächste Tankstelle?	[gdje nahóditsja blizhájshaja	Где находится ближайшая
	sspráwachnaja sstánzija]	заправочная станция?
Ich möchte …	[ja hatél by …	Я хотел бы …
Liter …	litr …	литр …
Benzin/Super/	benzín/súper/	бензин/супер/
Diesel/	dísel`naje taplíwa/	дизельное топливо/
bleifrei/	besswinzówaje taplíwa/	бессвинцовое топливо/
verbleit.	s ssaderzhánijem sswinzá]	с содержанием свинца.

Volltanken, bitte.	[sapráw`tje pazhálujsta pólnastju bak]	Заправьте пожалуйста полностью бак.
Bitte prüfen Sie … den Reifendruck/ den Ölstand/ den Wasserstand/ das Wasser für die Scheibenwaschanlage/ die Batterie.	[prawér`tje pazhálujsta … dawljénije v shínah/ úrawen` másla/ úrawen` wadý wadú dlja stjéklaamywátelej/] bataréju]	Проверьте пожалуйста давление в шинах/ уровень масла/ уровень воды/ воду для стеклоомывателей/ батарею.

🟨 Panne

Ich habe eine Panne. Gibt es hier in der Nähe eine Werkstatt?	[u menjá ssluchílas` awárija] [Jest` li sdess` pablísassti avtaremóntnaja masstersskája]	У меня случилась авария. Есть ли здесь поблизости авторемонтная мастерская?
Können Sie mir einen Abschleppwagen schicken? Können Sie den Wagen reparieren? Ich möchte ein Auto mieten.	[maglí by wy prisslát`mnje bukssírnyj avtamabíl`] [maglí by wy atremantírawát` mashínu] [ja hatél by wsját`mashínu naprakát]	Могли бы Вы прислать мне буксирный автомобиль? Могли бы Вы отремон- тировать машину? Я хотел бы взять машину напрокат.
Was kostet die Miete … pro Tag/pro Woche/ mit unbegrenzter km-Zahl/ mit Kaskoversicherung/ mit Kaution? Wo kann ich den Wagen zurückgeben?	[sskól`ka sstóit prakát … w den`/w nedélju/ ss neagraníchennym kilamjetrazhjóm/ ssa strahwániem kássko/ s paruchítel`stwam] [gdje ja magú sdat` mashínu]	Сколько стоит прокат … в день/ в неделю/ с неограниченным километражём/ со страхованием каско/ с поручительством? Где я могу сдать машину?

🟨 Unfall

Hilfe! Achtung/Vorsicht! Rufen Sie schnell … einen Krankenwagen/ die Polizei/die Feuerwehr. Es war (nicht) meine Schuld. Geben Sie mir bitte Ihren Namen und Ihre Adresse.	[pómashch] [wnimánije/asstarózhna] [ssróchna wysawítje … mashínu skóraj pómashchi/ palíziju/pazhárnuju sslúzhbu] [éta (nje) bylá majá winá] [sskazhítje mnje pazhálujsta wáshu famíliju i dájtje wash ádres]	Помощь! Внимание/осторожно! Срочно вызовите … машину скорой помощи/ полицию/пожарную службу. Это (не) была моя вина. Скажите мне пожалуйста Вашу фамилию и дайте Ваш адрес.
Ich brauche die Angaben zu Ihrer Autoversicherung.	[mnje neabhadímy sswédenija a wáshem strahwánii avtamabílja]	Мне необходимы сведения о Вашем страховании автомобиля.

Bei kurzen Aufenthalten kann man sich mit Englisch und Deutsch behelfen. Sehr hilfreich ist es aber, das kyrillische Alphabet lesen zu können sowie einfache Zahlwörter und Wochentage zu kennen. Das kyril- lische Alphabet wird hier mit der deutschen Transkription angeführt:

Kyrillisches Alphabet		Deutsche Aussprache	Kyrillisches Alphabet		Deutsche Aussprache
А	а	all	С	с	etwas
Б	б	bald	Т	т	Traum
В	в	Wald	У	у	unten
Г	г	gut	Ф	ф	fade
Д	д	da	Х	х	Sache
Е	е	jeder	Ц	ц	Ziel
Ж	ж	Gelee	Ч	ч	Matsch
З	з	Saal	Ш	ш	Schule
И	и	immer	Щ	щ	Borschtsch
Й	й	jeder	ъ	ъ	trennt Konsonant von weichem Vokal: Ob-jekt
К	к	kalt			
Л	л	laut	Ы	ы	Irtysch
М	м	Mama	Ь	ь	macht den vorstehenden Konsonanten weich – kalt
Н	н	nein			
О	о	oder	Э	э	Held
П	п	parken	Ю	ю	Tür
Р	р	russisch	Я	я	ja

🟨 Hinweise zur Aussprache

h	ch	shch	schtsch
s	stimmhaft, wie s	v	f
ss	stimmlos, wie ß	w	stimmhaft wie w
zh	Jalousie	`	Weichheitszeichen
sh	sch	´	über Vokal = Betonung im Wort
ch	tsch		

■ Krankheit

Können Sie mir einen Arzt/Zahnarzt empfehlen, der Deutsch spricht?	[wy maglí by rekamendówat`] mnje wrachá/stamatalóga, katóraj gawarít pa nemézkij]	Вы могли бы рекомендовать мне врача/стоматолога, который говорит по-немецки?
Wo ist die nächste Apotheke?	[gdje nahóditsja blizhájshaja aptjéka]	Где находится ближайшая аптека?
Ich brauche ein Mittel gegen …	[mnje neabhadíma ssrédstwa prótiv …	Мне необходимо средство против …
Durchfall/Halsschmerzen/ Fieber/Verstopfung/ Zahnschmerzen.	panóssa/bóli w górle/ tjemperatúry/sapóra/ subnój bóli]	поноса/боли в горле/ температуры/запора/ зубной боли.

■ Im Hotel

Ich habe bei Ihnen ein Zimmer reserviert.	[ja sareserwírawal u wass nómjer]	Я зарезервираовал у Вас номер.
Haben Sie … ein Einzelzimmer/ ein Doppelzimmer/ mit Bad/Dusche für eine Nacht?	[u wass iméjetsja … adnamjéstnyj nómjer/ dwuhmjéstnyj nómjer/ s wánnaj/dúshem na adnú noch`?]	У Вас имеется … одноместный номер/ двухместный номер/ с ванной/душем на одну ночь?
Was kostet das Zimmer?	[sskól`ka stóit nómjer?]	Сколько стоит номер?
Ich reise heute Abend/ morgen früh ab.	[ja ujeszháju wécheram/ sávtra útram]	Я уезжаю сегодня вечером/ завтра утром.

■ Im Restaurant

Wo gibt es ein gutes/günstiges Restaurant?	[gdje nahóditsja haróshij/ nedarogój rjesstarán]	Где находится хороший/ недорогой ресторан?
Die Speisekarte, bitte.	[prinjessítje pazhálujsta menjú]	Принесите пожалуйста меню.
Haben Sie vegetarische Gerichte?	[u was umjéjutsja wegetariánskije bljudá]	У Вас имеются вегетарианские блюда?
Welches Gericht können Sie besonders empfehlen?	[kakóje bljúda wy maglí by nam parekamjendawát`]	Какое блюдо Вы могли бы нам порекомендовать?
Die Rechnung/Bezahlen, bitte!	[schot pazhálujssta]	Счёт пожалуйста!

■ Essen und Trinken

Abendessen	[úzhin]	Ушин
Apfel	[jáblaka]	Яблоко
Bier	[píwa]	Пиво
Birne	[grúsha]	Груша
Brot/Brötchen	[hleb/búlachka]	Хлеб/булочка
Butter	[másla]	Масло
Ei	[jájza]	Яйцо
Eiskreme	[marózhennaje]	Мороженное
Essig	[úkssuss]	Уксус
Fisch	[rýba]	Рыба
Flasche	[butýlka]	Бутылка
Frühstück	[sávtrak]	Завтрак
Gemüse	[ówashchi]	Овощи
Glas	[sstakán]	Стакан
Huhn	[kúriza]	Курица
Kaffee, schwarz	[kófje, bjes malaká]	Кофе, без молока
Kaffee mit Milch	[kófje s malakóm]	Кофе с молоком
Kalbfleisch	[tjeljátina]	Телятина
Kartoffeln	[kartófel`]	Картофель
Käse	[ssyr]	Сыр
Kuchen	[pirózhnoje]	Пирожное
Meeresfrüchte	[mórjepradúkty]	Морепродукты
Mittagessen	[abjét]	Обед
Nudeln	[lapshá]	Лапша
Obst	[frúkty]	Фрукты
Öl	[másla rastítel`naje]	Масло растительное
Pfeffer	[pérjez]	Перец
Pilze	[gribý]	Грибы
Reis	[riss]	Рис
Rindfleisch	[gawjádina]	Говядина
Salat	[ssalát]	Салат
Salz	[ssol`]	Соль
Schinken	[wjetchiná]	Ветчина
Schweinefleisch	[sswinína]	Свинина
Suppe	[ssup]	Суп
Süßigkeiten	[ssládasti]	Сладости
Tee	[cháj]	Чай
Wein	[wína]	Вино
Zucker	[ssáhar]	Сахар

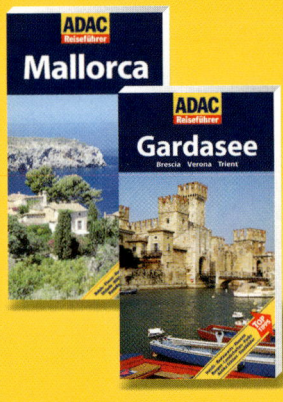

Register

Impressum

Lektorat und Bildredaktion: Gabriele Ebbecke
Aktualisierung: Christian Noß
Karten: Huber Kartographie, München
Herstellung: Martina Baur
Druck, Bindung: Stürtz GmbH, Würzburg
Printed in Germany

Ansprechpartner für den Anzeigenverkauf:
Kommunalverlag GmbH & Co KG,
MediaCenterMünchen, Tel. 089/92 80 96-44

ISBN 978-3-89905-499-6
ISBN 978-3-89905-554-2 Reiseführer Plus

Gedruckt auf chlorfrei gebleichtem Papier

Neu bearbeitete Auflage 2007
© ADAC Verlag GmbH, München

Bildnachweis

Umschlag-Vorderseite: Zarskoje Selo, Katharinenpalast.
Foto: *Christoph Puschner/laif, Köln*
Umschlag-Vorderseite Reiseführer Plus:
Christi-Auferstehungskirche ›Auf dem Blute‹,
Foto: *Hilger/laif, Köln*

Titelseite
Oben: Große Kaskade in Peterhof (Wh. v. S. 88)
Mitte: K. Malewitschs ›Mädchen auf dem Feld‹ im Russischen Museum (Wh. v. S. 53)
Unten: Stroganow-Palast (Wh. v. S. 47)

akg-images, Berlin: 54 unten – *Gerold Jung, Ottobrunn:* 21, 59, 64, 87 – *Huber, Garmisch-Partenkirchen:* 9 unten, 10/11, 36/37, 50/51, 73, 91 (Gräfenhain), 104 (Damm) – *laif, Köln:* 6/7 (Galli), 7 oben (Hemispheres), 7 unten (Sasse), 9 (Gaasterland), 10 unten, 11 unten (Sasse), 23 (N. N.), 25 (Sasse), 26 (N. N.), 31 (Sasse), 35 (N. N.), 40, 44, 46 (Sasse), 47 (Gaasterland), 48/49 (Sasse), 50 (Le Figaro Magazine), 53, 66, 69, 72, 80, 81 (Sasse), 98 oben (Gaasterland), 98 unten, 99, 123 (Sasse), 126 (Pueschner), 127, 128, 129, Umschlagrückseite/linke Spalte Abb. 1, 2 (Sasse), Umschlagrückseite/linke Spalte Abb. 3 (Galli) – *look, München:* 16/17 (N. N.), 38 (Galli), 39 (Fleisher), 46, 59, 78, 88, 132 (N. N.) – *Mauritius, Mittenwald:* 56/57 (Widmann), 75 (age fotostock), 84 (Dumrath), 108 (Widmann) – *Michael Neumann, Feldafing:* 20, 29, 43 unten, 62, 94, 96, 97, 100, 106 – *picture alliance, Frankfurt/Main:* 8 unten (akg-images), 8 Mitte (Akimov), 15 unten (epa/Chinikov) – *Ruhrgas AG, Essen:* 111 unten – *Gregor M. Schmid, Gilching:* 44, 55, 58, 71, 106 – *Olga Stepochkina, St. Petersburg:* 30, 117 (2) – *Ullstein Bild, Berlin:* 14 – *Hermann Josef Wöstmann, Kerpen-Buir:* 19, 27, 32, 33, 43 oben, 52, 54, 60, 61, 67, 68, 74, 76, 77, 78/79, 78 unten, 83, 84/85, 88, 89, 90, 93, 95, 101, 103, 110/111, 112 oben, 116

Reisen mit Lust und Laune.

Jedes Magazin

ist randvoll mit

faszinierenden Fotos

und packenden

Reisereportagen.

Dazu gibt es

Hunderte von top-

aktuellen Adressen,

Geheimtipps und

Hinweisen, wie man

mehr aus seinem

Urlaub macht.

Überall im Handel

und beim ADAC.

Alle zwei Monate neu.

◼ 1 Tag in St. Petersburg

›Zu Wasser und zu Lande‹ kann das Motto eines solchen Kurzbesuches sein. Weite Teile von St. Petersburg sind sehr schön mit dem **Boot** zu besichtigen. Über die Schlossbrücke geht's zum **imperialen Zen-**

trum der Stadt: Admiralität, Schlossplatz, Winterpalast – wer eines der größten Kunstmuseen der Welt nicht versäumen will, plant zwei oder drei Stunden für den Schlossrundgang und die **Eremitage-Sammlungen** ein. Vielleicht bleibt noch Zeit für einen Blick in Puschkins Wohnhaus gleich beim Moika-Kanal. Nach einer Pause – z. B. in der edlen Senat-Bar – lädt der **Newskij Prospekt** zum Bummel, im permanenten Wechsel von Architektur-Highlights, Parkgrün und Shopping-Lockungen ein. An einem schönen Abend kann man an St. Petersburgs **Kanälen** flanieren und dinieren. Andernfalls gibt es mit etwas Glück Karten fürs **Mariinskij-Theater.** Hier kann man sich ins Ambiente der Zaren und Großfürsten versetzen lassen und eine Opern- oder Ballett-Inszenierung genießen.

◼ 1 Wochenende in St. Petersburg

Schön, wenn Sie drei Tage haben: außer St. Petersburg selbst können Sie auch die Schlösser und Parks von Zarskoje Selo und Peterhof intensiv erleben!

Freitag: Beginnen Sie das St. Petersburg-Erlebnis wie oben für den eintägigen Aufenthalt vorgeschlagen. Am Ende dieses Kennenlern-Tages haben Sie schon ein erstes Bild von der Stadt gewonnen.

Samstag: Im Sommer ist wieder das Schiff das beste Transportmittel für eine Fahrt nach **Peterhof**, zu den Schlössern und Parks Peters des Großen (Abfahrt vom Winterpalast). Historisch In-

teressierte machen vorher noch einen Abstecher zur **Petrograder Seite** zum hüttenkleinen Haus Peters I. und zur Wassiljewskij-Insel, um dort das **Menschikow-Palais** zu sehen. In Peterhof selbst kann man leicht einen ganzen Tag verbringen. Zum Großen Palast, zu den Kaskaden, zum Schloss Monplaisir findet jeder, aber hier sind noch zwei spezielle Tipps, Ziele, die leicht übersehen werden: das Benois-Familienmuseum und das Cottage-Palais. Wieder zurück in St. Petersburg, könnte man am Abend noch zur **Haseninsel** mit der Peter- und-Paul-Festung hinüberfahren – für Besichtigungen wird es zu spät sein, doch

kann man noch einen schönen Spaziergang durch diese Urzelle der Stadt machen.

Sonntag: Nach **Zarskoje Selo** – das ist nicht nur der berühmte Schlosskomplex, sondern auch ein kleines Städtchen südlich von St. Petersburg – kommt man per Bus oder Bahn, natürlich kann man auch Transport und Führung im Paket buchen. Das ›Versailles des Ostens‹ schließt wie das Original Ludwigs XIV. nicht nur den **Großen Palast** sondern mehrere Parkschlösser ein. Besonders sehenswert ist die ehemalige **Eliteschule** der Zaren mit ihren Puschkin-Erinnerungen. In Zarskoje Selo kann man die enorme Wiederaufbauleistung nach dem Zweiten Weltkrieg bewundern. Am Abend hat man je nach Tempera-

ment, Laune und Interesse die Wahl zwischen einem Konzert im Konservatorium oder Jazz im **Jazz-Club**, einer Floor-Show auf russisch oder, wenn es auf dem Programm steht, einer Probe der St. Petersburger Ballettkunst im Mariinskij-Theater.